REISEFÜHRER

BREMEN

ZU GAST BEI DEN STADTMUSIKANTEN

Foto: Shutterstock

Gruß
aus
Bremen

Thomas Fröhling

BREMEN

ZU GAST BEI DEN STADTMUSIKANTEN

Koehlers Verlagsgesellschaft
Hamburg

Fotos (soweit nicht anders angegeben): Thomas Fröhling
Titelabbildung (groß): Shutterstock

Ein Gesamtverzeichnis der lieferbaren Titel schicken wir Ihnen gerne zu.
Bitte senden Sie eine E-Mail mit Ihrer Adresse an:
vertrieb@koehler-books.de
Sie finden uns auch im Internet unter: www.koehler-books.de

Bibliografische Information der Deutschen Nationalbibliothek
Die Deutsche Nationalbibliothek verzeichnet diese Publikation in der Deutschen Nationalbibliografie; detaillierte bibliografische Daten sind im Internet über http://dnb.d-nb.de abrufbar.

ISBN 978-3-7822-1242-7
Koehlers Verlagsgesellschaft, Hamburg

Layout: Inge Mellenthin

Printed in Europe

INHALT

BECK'S BISTRO

WILLKOMMEN BEI DEN STADTMUSIKANTEN

Bremen ist zurückhaltend, nicht laut, nicht schrill. Die Hansestadt kommt ruhig daher, wie eine Kogge, die gemächlich auf der Weser ihre Route fährt. Bremen ist eine alte Stadt der Kaufleute, der Seefahrt und der Forschung. Die Bremer streben ins All. Luft- und Raumfahrttechnik und die Fliegerei sind starke Wirtschaftsfaktoren. Sie stehen im Gegensatz zu den kleinen Gassen und historischen Vierteln, in denen einst die Seeleute, Fischer und Handwerker lebten. Bremen liebt diese Tradition.

BÜRGERWILLE NACH UNABHÄNGIGKEIT

Unverwechselbar bleiben das prächtige Rathaus im Stil der Weserrenaissance und die ehrwürdige Figur des Roland auf dem historischen Marktplatz. Sie verkörpern seit 1404 den Bürgerwillen nach Unabhängigkeit. Rathaus und Roland stehen als einzigartiges Welterbe der Menschheit unter dem Schutz der UNESCO, doch auch der Schnoor – Bremens ältestes Stadtviertel –, die ungewöhnliche Architektur der traditionsreichen Böttcherstraße oder der Bremer Dom suchen ihresgleichen. Für einen Rundgang zu den wichtigsten Sehenswürdigkeiten ist nicht mal ein Stadtplan nötig. 2.000 Nägel aus Messing und Stahl auf dem Boden führen vom Liebfrauenkirchhof über Marktplatz und Schnoor zur Böttcherstraße.

BREMER STADTMUSIKANTEN

Mit dem Rücken zum Rathaus und mit Blick zum Liebfrauenkirchhof präsentiert sich die von Gerhard Marcks entworfene Bronzestatue der Bremer Stadtmusikanten. Das Märchen von Esel, Hund, Katze und Hahn ist in aller Welt bekannt und seit

den Brüdern Grimm so eng mit Bremen verbunden wie Rathaus und Roland. Wer den Esel an den Beinen berührt, hat einen Wunsch frei. Doch die Geste will gelernt sein. Mit beiden Händen müssen die Beine des Esels leicht gerieben werden, sonst ist der Wunsch für die Katz'. Übrigens bedeutet die unkorrekte Variante, bei der nur eine Hand zum Einsatz kommt, aus Sicht der Bremer, dass sich zwei Esel »Guten Tag« sagen.

HANSEATISCH ZURÜCKHALTEND

Alte Kaufmannstraditionen und der freie Handel finden durch ehrwürdige Gebäude in der Stadt ihren Ausdruck. Nie verloren die Bremer den Blick auf das Ganze. Stets wird für einen guten Zweck gesammelt, bei der Eiswette oder der Schaffermahlzeit kommen Beträge im sechsstelligen Bereich zusammen, die karitativen Zwecken dienen. Dezent und ohne großes Aufsehen hilft der Bürger, wo er kann. Diese Tugend steht im Gegensatz zur Finanzsituation der Stadt. Abgeschlagen von anderen Bundesländern geht es dem Stadtstaat nicht gut. Trotzdem ist die Millionärsdichte im Vergleich zum Rest der Republik hoch. Das wird aber nicht sichtbar. Eher kopfschüttelnd registrieren echte Bremer, wie der ehemalige Torhüter mit seinem Sportwagen die Martinistraße entlangbrettert.

BREMER UND HAMBURGER

Hanseatisches Understatement wäre hier erfunden worden, wenn die Hamburger es nicht schon gehabt hätten. Zwischen den beiden Stadtstaaten gibt es seit jeher eine gepflegte gegenseitige Abneigung, die sich nicht nur in der Beziehung zwischen den Fans von Werder Bremen und denen des HSV widerspiegelt. Die Derbys dieser beiden Mannschaften werden stets zu einem Hexenkessel. Für die Sicherheit der Besucher ist natürlich bestens gesorgt.

GEMEINSINN UND SOZIALES HERZ

In Bremen zeigt man nicht gerne, was man hat. Schon gar nicht kommt man extravagant daher, wie das in anderen Städten der Fall ist. Man spricht noch nicht einmal darüber, wer viel Geld besitzt oder wer in der größten Villa wohnt. Gönner der Stadt machen kein Aufsehen darum, wenn sie für Kunst, Bildung, Soziales und für Hilfsbedürftige in den Geldbeutel greifen. Das hat lange Tradition: zum Beispiel, als 1843 Bremer Bürger für den Bau des Theaters privates Geld einsetzten. Etwas später finanzierten sie so auch die Kunsthalle. So ist es mit vielen Dingen in der Stadt. Bremer kommen nicht mit der ausgestreckten Hand. Man ist distinguiert und verbrüdert sich nicht gleich, sondern wartet die Entwicklung ab. So gewinnt man Freunde fürs Leben. Das ist es, was den Hanseaten ausmacht: nicht die schnelle Bekanntschaft, sondern Partner auf Zeit.

BREMER IN FEIERLAUNE

Und so mag es den Anschein erwecken, dass die Bremer stur und unnahbar sind. Jemand, der sich vom Gegenteil überzeugen möchte, sollte das legendäre Sechs-Tage-Rennen zu Jahresbeginn oder den Freimarkt besuchen. Dann bleibt kein Auge trocken, dann gibt es kein Halten mehr. Bei den Sixdays kämpfen Radprofis um Geld und Trophäen, drumherum findet ein Rahmenprogramm aus Musik, Show und Unterhaltung statt. Beim Freimarkt, der fünften Jahreszeit, steht die Stadt Kopf,

Ein Blick vom Riesenrad auf das Freimarktgelände

die Menschen feiern und genießen das Leben. Als Besucher sollten Sie diese Feste nicht verpassen. Es sind die Highlights im Jahr und Mega-Events in der Stadt. Der Freimarkt ist das größte Volksfest in der Region und zieht die Massen zum Feiern und Tanzen an. Neben Fahrgeschäften, Buden und Imbissläden findet in den Großzelten eine Art Oktoberfest für Küstenbewohner statt. Bands bringen die Gäste in Wallung, man trifft sich und hat jede Menge Spaß.

WANDEL UND VERÄNDERUNG

Bremen hat sich in den vergangenen Jahren stark gewandelt. Einiges, was früher das Stadtbild geprägt hat, ist verschwunden. Wahrzeichen sind gewichen, Neues ist hinzugekommen. Wo einst die großen Schiffe gelöscht wurden, stehen heute Luxusbauten. Dem Hafen ist der größte Wandel widerfahren. Weil die Weser immer mehr versandete und den größer werdenden Schiffen weniger Wasser unter dem Kiel bot, verlagerte sich ab 1829 die Hafenwirtschaft nach Bremerhaven. Hier findet der Güterumschlag in Containern statt, hier werden Autos in alle Welt verschifft. Containerschiffe mit einer Länge bis zu 400 Metern laufen Bremerhaven an. Undenkbar, dass solch große Schiffe über die enge Weser nach Bremen hätten kommen können.

An der Schlachte herrscht reges Treiben.

Foto: kuegi – Fotolia

Impressionen von der Schlachte

Die größten
WESERSTOLZ

BREMERHAVEN STATT BREMEN

Trotz der Verlagerung wesentlicher Hafenaktivitäten ist die Hansestadt immer noch ein wichtiger Handels- und Logistikhafen. In Bremen gehören der Industriehafen, der Neustädter Hafen sowie der Holz- und Fabrikenhafen zu den Zentren des Schiffsverkehrs. Jedoch kommen weit weniger Schiffe nach Bremen als beispielsweise nach Bremerhaven, dem zweitgrößten Hafen Deutschlands und einem der bedeutendsten Europas. Bremenports betreibt beide Häfen.

EINST STANDORT GROSSER WERFTEN

Große Werften wie die AG Weser und der Bremer Vulkan sind längst Geschichte. Allein Spezialwerften an der Weser sind noch geblieben. Die großen Reparatur- und Neubauwerften befinden sich in Bremerhaven.

ÜBERSEESTADT: WOHNQUARTIER MIT FLAIR

Brach liegende Flächen wie der Europahafen haben sich zu einem neuen Stadtteil gewandelt, bieten Menschen Wohn- und Arbeitsraum. Geschäfte, Boutiquen und Unternehmen beleben den neuen Stadtteil, in dem sich Flair und Romantik mit alten Industriebauten, ehemaliger Hafengeschichte und moderner Architektur verbinden. Die Überseestadt ist ein gelungenes Beispiel für Wandel und Umgestaltung. Durch die verlängerte Uferpromenade Schlachte über das Stephaniviertel bis ins Hansequartier der Überseestadt ist der stetig wachsende Bezirk bei einem Spaziergang entlang der Weser zu erreichen. In unmittelbarer Nähe des zugeschütteten Hafenbeckens beleuchtet das Hafenmuseum im Schuppen XI die letzten 120 Jahre Bremer Hafengeschichte anhand persönlicher Erinnerungen spannend und anschaulich.

VEGESACKER HAFEN

Weiter flussabwärts im Stadtteil Vegesack in Bremen-Nord werden die maritimen Traditionen besonders gepflegt. Hier, wo vor fast 400 Jahren der erste künstliche Hafen Deutschlands entstand, präsentiert sich die 1.852 Meter lange Maritime Meile entlang der Weser mit ihren Sehenswürdigkeiten rund um Museumshaven, Kapitänshäuser und Signalstation.

VEGESACK – FISCHFANG UND TRADITION

Seit 1996 liegt hier das einzig erhalten gebliebene Vollschiff der deutschen Schifffahrtsgeschichte, das »Schulschiff Deutschland«, das heute Platz für Übernachtungen, Tagungen und Trauungen anbietet. Vegesack selbst ist alljährlich Schauplatz maritimer Veranstaltungen: Rund um den ehemaligen Heimathafen der größten deutschen Heringsfangflotte und einer Walfangflotte findet zum Beispiel im August das Festival Maritim statt. Es präsentiert Sea Songs und Shantys aus aller Welt bei einem Musikereignis zwischen Kunst, Kultur und Kuriosem im Bremer Norden. Bands aus Deutschland und dem Ausland sowie regionale Shanty-Chöre verwandeln Vegesack drei Tage lang in eine maritime Open-Air-Bühne.

WELTHANDEL

Der Außenhandel hat für die Hansestadt seit jeher eine große Bedeutung. Auch wenn der Schwerpunkt des Seeumschlags in Bremerhaven liegt, hat Bremen durch seinen Hafen noch einen hohen Anteil. Die Palette der verschiedenen Handelsgüter, die hier im- und exportiert werden, erstreckt sich von Fisch, Fleisch und Molkereiprodukten über traditionelle Rohstoffe, wie die an der Bremer Baumwollbörse

Portal des Schütting, des ehemaligen Gildhauses der Kaufleute und jetzigen Sitzes der Handelskammer an der Südseite des Bremer Marktplatzes

gehandelte Baumwolle, sowie Tee, Reis und Tabak bis hin zu Wein und Zitrusfrüchten. Während die BLG Logistics Group (Bremer Lagerhaus-Gesellschaft) den Umschlag organisiert, sind Hafengroßhändler wie C. Melchers, Otto Stadtlander und UNIVEG Deutschland als Spezialisten im internationalen Handel tätig. Bremen ist ein wichtiger Standort der Automobil-, Schiffbau-, Stahl-, Elektronik- und Nahrungsmittelindustrie.

ZWEITGRÖSSTES MERCEDES-WERK

Die Daimler AG ist der größte Arbeitgeber in der Stadt und fertigt in ihrem Werk in Sebaldsbrück, wo bis 1963 Borgward Autos baute, unter anderem die C-Klasse, das T-Modell und den Roadster SL. Hinzu kommen diverse Zulieferbetriebe. Der größte von ihnen ist die Firma Hella, die Fahrzeugkomponenten liefert. In Sebaldsbrück befindet sich auch ein großes Werk der Bahn AG.

SCHWERINDUSTRIE SEIT JEHER

Schiffbau- und Stahlindustrie haben sich stark verändert. Die Stahlwerke Bremen sind im transnationalen Stahlkonzern ArcelorMittal aufgegangen. Die Luft- und Raumfahrtindustrie hingegen hat zugelegt und prägt Bremen als Dienstleistungs- und Hightech-Standort. An der Universität Bremen entwickelte sich in den letzten Jahren einer der größten Technologieparks mit über 6.000 Arbeitsplätzen. International ist Bremen für seine Luftfahrt- und Weltraumtechnologie bekannt. Die Endmontage der Flügel für Airbus-Flugzeuge findet hier statt. Bei Airbus Defence and Space und der OHB-Technology-Gruppe entstehen Module und Bauteile für weltraumtaugliche Laboratorien, Trägerraketen und Satellitensysteme. Rheinmetall und Atlas Elektronik entwickeln in Bremen Elektronik für militärische und zivile Anwendungen.

BECK'S UND KELLOGG'S

Die Lebensmittelindustrie hat in Bremen eine lange Geschichte. Neben der Brauerei Beck & Co. haben in der Hansestadt Vitakraft, Nordmilch und der Schokoladenhersteller Hachez ihren Hauptsitz. Anfang des Jahrtausends wurde das Familienunternehmen Beck an den Konzern Anheuser-Busch/InBev verkauft. Die Herren Anheuser und Busch waren Deutsche, die in den 30er-Jahren von Bremerhaven nach Amerika ausgewandert sind und dort den Konzern aufbauten.

Mondelēz International (früher Kraft Foods und Jacobs) hat hier seine deutsche Zentrale. Der amerikanische Konzern Kellogg's hat 2015 den Deutschlandhauptsitz

Produktionsstätten in Sichtweite der Schlachte

Bremen ist eine Fahrradstadt.

von Bremen nach Hamburg verlegt, betreibt in Bremen aber weiterhin eine Produktionsstätte für seine Frühstücksflocken.

EDLE BESTECKE FÜR KÖNIGSHÄUSER

Bekannte Besteckmanufakturen wie Wilkens und Koch & Bergfeld sind in Bremen angesiedelt. Aus dem renommierten Haus Koch & Bergfeld kommen nicht nur edle Tischbestecke für Königshäuser und Botschaften, sondern hier werden auch der deutsche Fußballpokal und die Goldenen Kameras für Filmschaffende hergestellt.

SEEFAHRERROMANTIK AN DER SCHLACHTE

Das Seefahrer-Flair ist bis heute lebendig und für Touristen von besonderem Reiz. Mit der Weser auf Tuchfühlung gehen die Bremer und ihre Gäste an der Uferpromenade Schlachte. Ursprünglich war die Schlachte Bremens Hafenplatz. Der Name kommt von slagte, denn hier wurden die Uferpfähle zur Befestigung des Ufers eingeschlagen. Insbesondere bei schönem Wetter pulsiert hier das Leben. Von den Terrassen und Gärten einer vielfältigen Gastronomie aus lässt sich der Blick aufs Wasser genießen. Historische und moderne Schiffe säumen den Kai – Urlaubsstimmung pur.

TOURISMUS UND RADWEGE

Bremen ist grün – idyllische Parks und üppige Grünflächen durchziehen das gesamte Stadtbild. Für Radwanderungen bildet Bremen den Ziel- bzw. Ausgangspunkt der Strecken Hamburg—Bremen, Bremen—Osnabrück (Brückenradweg) und des Wümme-Radwegs. Bremen ist eine wichtige Station auf dem Weser-Radweg, der die Weser von ihrer Quelle bis nach Bremerhaven begleitet und zum beliebten Urlaubsprogramm vieler Touristen zählt.

Unter den deutschen Städten mit über 500.000 Einwohnern hat Bremen mit über 22 Prozent einen großen Radverkehrsanteil. Bremen ist Fahrradstadt und soll die meisten Radwegkilometer pro Einwohner unter den deutschen Großstädten haben.

BREMEN – STADT MIT TRADITION UND GESCHICHTE

Erstmals wurde die Stadt 782 als Brema oder Bremun (= am Rande, Einfassung von Land, Wasser und Düne) erwähnt. Zwischen dem 1. und 8. Jahrhundert nach Christus entstanden an der Weser erste Siedlungen. Bis ins 8. Jahrhundert reicht auch die Geschichte als Bischofsstadt und Kaufmannssiedlung. Um 845 war die Stadt Erzbistum unter Erzbischof Adalbert von Bremen.
1260 trat sie der Hanse bei. Durch die Mitgliedschaft im Hansebund und den Freihandel blühte Bremen auf, wovon bis heute prächtige Baudenkmale zeugen. Das Bistum Bremen errichtete als Zeichen seiner weltlichen Freiheit 1404 den Roland und 1409 das Rathaus auf dem Bremer Marktplatz. Beide gehören seit 2004 zum UNESCO-Welterbe.

Ab dem 13. Jahrhundert diente die Schlachte als Hochseekaje. Zum Schutz des Hafens wurde Ende des 15. Jahrhunderts am Westufer der Weser die befestigte Neustadt angelegt. Der Fluss versandete jedoch mehr und mehr und machte eine funktionierende Hafenwirtschaft immer schwieriger. Aus diesem Grund begannen die Bremer 1619 in Vegesack mit dem Bau des seinerzeit ersten künstlichen Hafens in Deutschland. 1783 nahmen Bremer Kaufleute mit dem Transatlantikhandel Beziehungen zu den Vereinigten Staaten auf.

Für kurze Zeit, von 1811 bis 1814, war Bremen Teil des französischen Staates, denn Napoleon ließ Bremen besetzen und integrierte es als Hauptstadt des Département des Bouches du Weser bis zur Niederlage in den Befreiungskriegen.

Anziehungspunkt der Stadt:
Rathaus, Dom und Bürgerschaft

WIE BREMERHAVEN ENTSTAND

Im 19. Jahrhundert wuchs Bremens Anteil am Überseehandel, Werften wurden gegründet, Fährbetriebe eingerichtet. Wegen der fortschreitenden starken Versandung der Weser und den damit verbundenen Auswirkungen auf die Schifffahrt gründete man in Nordseenähe 1827 die Siedlung Bremerhaven. Den Vertrag zum Erwerb des Hafengeländes unterzeichneten am 11. Januar 1827 für Hannover Friedrich von Bremer und der Bremer Bürgermeister Johann Smidt.

Noch von 1886 bis 1895 wurde die Schiffbarkeit der Weser für Seeschiffe bis Bremen gesichert.

RASANTE ENTWICKLUNG

Ab 1848 wurden die Stadttore zur Nacht nicht mehr geschlossen, somit konnte sich die Stadt industriell weiterentwickeln. Nach großzügiger Eindeichung des umliegenden Marschlandes begann 1853 in den Vorstädten die bis ins 20. Jahrhundert für Bremen typische Reihenhausbebauung mit sogenannten Bremer Häusern. Der Zuwachs der Bevölkerung war immens. Durch den Zuzug vieler Firmen waren Arbeitskräfte stark nachgefragt. 1812 lebten rund 35.000 Menschen in Bremen, 1875 waren es schon dreimal so viele. 1911 hatte die Stadt bereits 250.000 Einwohner, heute leben über eine halbe Millionen Menschen in Bremen.

1857 erfolgte die Gründung des Norddeutschen Lloyd, später auch anderer Schifffahrtsgesellschaften.

1890 fand auf dem Gelände des Bürgerparks die Nordwestdeutsche Gewerbe- und Industrieausstellung statt. In der Weimarer Republik ging die wirtschaftliche Entwicklung Bremens voran.

Auf dem Flughafen begannen 1920 erste Linienflüge.

1928 wurde die Columbuskaje in Bremerhaven eingeweiht.

1939 verlor Bremen die Stadt Bremerhaven. Bremen bekam Bremen-Nord, Hemelingen, Mahndorf und Arbergen hinzu.

BREMEN ZU 62 PROZENT ZERSTÖRT

Im Zweiten Weltkrieg wurde Bremen schwer zerstört. Der Nordwesten mit den Werften AG Weser und Bremer Vulkan sowie die Vegesacker Werft, der Focke-Wulf-Flugzeugbau und die Borgward-Werke waren wegen ihrer Bedeutung im Weltkrieg Ziel von Luftangriffen, wobei 62 Prozent der Häuser zerbombt wurden. 4.000 Menschen kamen dabei ums Leben. Mit dem Einmarsch der britischen Truppen endete im April 1945 die Gewaltherrschaft der Nazis.

Der mächtige Bremer Dom

Eine der Fassadenfiguren
des Bremer Rathauses

Foto: neurolle - Rolf/pixelio

1947 gaben sich die Bremer Bürger die Verfassung der Freien Hansestadt Bremen. 1949 wurde Bremen ein Land der Bundesrepublik Deutschland.

WANDEL IN DER STADT

Mit dem Wegfall der beiden Großwerften AG Weser und Bremer Vulkan sowie der weiteren Verlagerung der Hafenwirtschaft nach Bremerhaven entwickelte sich Bremen unter anderem zur renommierten Hochschulstadt mit der Exzellenz-Universität und zahlreichen Firmen im Bereich der Hochtechnologie und Dienstleistung. 2005 wurde Bremen/Bremerhaven zur »Stadt der Wissenschaft« erklärt, nicht zuletzt durch die Bedeutung der Luft- und Raumfahrttechnologie. Zukünftig möchte sich die Stadt einen Teil der Offshore- und Windenergiebranche sichern und ihre Stellung im Hafen- und Logistikbereich verbessern.
Im Tourismus und bei den Übernachtungszahlen kann Bremen mehr und mehr zulegen. Durch die Wiederentdeckung als die »Stadt am Fluss« fließt immer mehr der grüne Charakter der Stadt in die Bedeutung als Metropole ein. Bremen als Fahrradstadt findet nicht nur bei den Besuchern großen Anklang. Auch die Bürger freuen sich über immer mehr Fahrradstraßen und Wege, die per Zweirad befahren werden können. Aber auch ohne Rad können Sie sich in der Hansestadt bequem mit öffentlichen Verkehrsmitteln bewegen und alle Ziele erreichen. Bremen hat in den letzten Jahren eine Umweltzone eingeführt.

BREMEN IN FAKTEN

Größe: 325 Quadratkilometer, Bremerhaven: 80 Quadratkilometer.

Bevölkerung: 548.000 Einwohner in Bremen und 115.000 Einwohner in Bremerhaven.

Struktur: Bremen gliedert sich in fünf Stadtbezirke und in 23 Stadtteile. Höchstes politisches Organ ist die Bürgerschaft: das Parlament als städtisches und Landesparlament. Ranghöchster Politiker ist der Präsident der Bürgerschaft. An der Spitze der Regierung steht der Präsident des Senats, der auch das Bürgermeisteramt bekleidet. Seit 2007 regiert eine Koalition aus SPD und Grünen.

BEKANNTE SÖHNE UND TÖCHTER BREMENS

- Psychoanalytiker Karl Abraham
- Fernsehmoderator und Komiker Jan Böhmermann
- Bundespräsident Karl Carstens

- Schriftsteller, Volksschullehrer und Reformpädagoge Friedrich (Fritz) Gansberg (1871–1950)
- Tennisspielerin Angelique Kerber
- Verleger Anton Kippenberg
- Manager Klaus Kleinfeld
- Kabarettist Piet Klocke
- Geiger Georg Kulenkampff
- Schauspieler und Fernsehmoderator Hans-Joachim Kulenkampff
- Schauspieler und Regisseur Otto Kurth
- Bandleader, Komponist und Musikproduzent James Last (Hans Last)
- Kolonialkaufmann Franz Adolf Eduard Lüderitz
- Pastor Joachim Neander
- Astronom und Mathematiker Wilhelm Olbers (1758–1840)
- Friedensnobelpreisträger Ludwig Quidde
- Schriftsteller und Musiker Sven Regener
- Afrikaforscher Gerhard Rohlfs
- Verleger Ernst Rowohlt
- Fernsehmoderatorin Bärbel Schäfer
- Architekt Hans Scharoun
- Architekt Fritz Schumacher
- Schauspielerin Barbara Sukowa
- Bundesumweltminister a. D. Jürgen Trittin
- Designer Wilhelm Wagenfeld
- Astronom Johann Wempe
- Robinson Crusoe ist der berühmteste Bremer in der Weltliteratur: Daniel Defoe lässt nämlich in seinem erstmals 1719 erschienenen Reisebericht den 1632 geborenen Robinson Crusoe schreiben: »My Father being a foreigner of Bremen, who settled first at Hall: He got a good Estate by Merchandise«. In York heiratete er eine Robinson aus einer sehr guten Familie, »and from whom I was called Robinson Kreuznaer. But by the usual Corruption of Words in England, we […] write our name Crusoe.«

Im Übrigen hat der amerikanische Weltbestsellerautor Mario Puzo (»Der Pate«) auch einen Bremen-Roman geschrieben: »The Dark Arena«, London (Heinemann) 1973, der Bremen unter amerikanischer Besatzung schildert.

(Quelle: Wikipedia)

Der Laubengang des alten Rathauses am Marktplatz

MEHR ALS NUR DIE STADTMUSIKANTEN

WAHRZEICHEN DER STADT

Der Roland ist Mittelpunkt und ein Wahrzeichen der Stadt. Der originale Kopf des Roland ist im Focke-Museum ausgestellt. Während des Zweiten Weltkriegs wurde er aus Furcht vor Zerstörung durch Bombenangriffe durch eine Kopie ersetzt. Sein Blick ist auf den Dom St. Petri gerichtet, der für Besucher das Dom-Museum und den Bleikeller (Ostkrypta des St. Petri-Doms) bereithält. Neben dem Roland steht das Rathaus, in dessen Ratskeller die besten deutschen Weine serviert und verkauft werden.

TIPP

Ratskeller
600 Jahre Tradition, 650 Sorten deutschen Weins. Wunderschön ist die große Halle mit Prunkfässern und Säulen sowie das Gewölbe; hier wird die Bremer Spezialität »köstliches Rathaus-Fundament« (Weine zu den Gerichten) gereicht.

Restaurant: täglich geöffnet von 11.00 bis 24.00 Uhr

Am Markt | 28195 Bremen
www.ratskeller-bremen.de

ST. PETRI-DOM

Ev.-lutherische Kirche mit einer über zwölfhundertjährigen Geschichte. Frühgotisches Gepräge aus der ersten Hälfte des 13. Jahrhunderts. Älteste Teile sind die Krypten.

Öffnungszeiten: Montag bis Freitag, 10.00 bis 17.00 Uhr
Samstag, 10.00 bis 14.00 Uhr | Sonntag und feiertags, 14.00 bis 17.00 Uhr (geschlossen am 01.05., 03.10., 24.12., 25.12., 31.12., Karfreitag und während kirchlicher Amtshandlungen und Konzerte)
Turmbesteigung April bis Oktober: Montag bis Freitag, 10.00 bis 16.30 Uhr | Samstag, 10.00 bis 13.30 Uhr | Sonntag, 14.00 bis16.30 Uhr | Turm: Erwachsene 2,– € | Kinder 1,– €
Sandstraße 10–12 | **28195 Bremen**
www.stpetridom.de

KIRCHE UNSER LIEBEN FRAUEN

Seit dem 11. Jahrhundert die älteste Pfarrkirche Bremens und Kirche des Rates bis zum 19. Jahrhundert. Krypta mit Wandgemälde. Farbige Glasfenster des Malers Manessier.

Besichtigung: Montag bis Samstag, 11.00 bis 16.00 Uhr | Sonntag, 12.00 bis 13.00 Uhr
Unser Lieben Frauen Kirchhof 27 | 28195 Bremen | www.kirche-bremen.de/

Roland und Rathaus gehören zum UNESCO-Welterbe. An der Westmauer des Rathauses sind die Bremer Stadtmusikanten zu finden (Bronzeplastik des Künstlers Gerhard Marcks von 1951).

BREMENS REGIERUNGSZENTRUM

Das alte Rathaus erhielt nach Plänen von Gabriel von Seidl im Stil der Neorenaissance einen rückwärten Erweiterungsbau: das neue Rathaus, das 1913 eingeweiht wurde. Hier befindet sich die Senatskanzlei, das Regierungszentrum Bremens.

www.rathaus-bremen.de

Blick auf die Bürgerschaft

Auf der gegenüberliegenden Seite des Marktplatzes befindet sich der Schütting, das Haus der Kaufleute.
Die Ostseite des Platzes nimmt das Gebäude der Bremischen Bürgerschaft ein, an der Westseite steht eine Reihe von vier Gebäuden aus dem 18. und 19. Jahrhundert.

HAUS DER BÜRGERSCHAFT

Parlamentsgebäude, 1966 vom international renommierten Architekten Wassili Luckhardt geschaffen. Hier tagt der Bremer Landtag.

Besichtigung: Montag bis Donnerstag, 9.00 bis 17.30 Uhr
Freitag, 9.00 bis 16.30 Uhr
Europa-Punkt: Montag bis Freitag, 12.00 bis 17.00 Uhr
Am Markt 20 | 28195 Bremen
www.bremische-buergerschaft.de

TIPP

Haus Schütting
Haus der Bremer Kaufmannschaft und heute Sitz der Handelskammer Bremen. Erbaut wurde es 1537/38 im Stil der Renaissancebauten Flanderns.

Am Markt 13 | 28195 Bremen
www.handelskammer-bremen.de

Zwischen dem Schütting und der Bremer Baumwollbörse öffnet sich die Böttcherstraße, ein zwi-

Der Schütting am Marktplatz

Foto: Dr. Bernd Gross/wikipedia

Der Himmelssaal im Haus Atlantis

schen 1922 und 1931 entstandenes Gesamtkunstwerk. Sie führt zur Martinikirche an der Weser.

HIMMELSSAAL

Im Haus Atlantis erwartet Sie der um 1930 im Art-déco-Stil erbaute Himmelssaal mit gewölbtem Dach und blauen und weißen Glasbausteinen.

Bitte fragen Sie an der Rezeption des Radisson Blu-Hotels nach dem Zugang zum Himmelssaal.

3,– € pro Person | 15,– € pro Gruppe

Böttcherstraße 2 | 28195 Bremen

www.boettcherstrasse.de

TIPP

Glockensspiel
Glockenspiel aus 30 Meißner Porzellanglocken. Im drehbaren Turm werden zehn holzgeschnitzte Tafeln mit Darstellungen der Ozeanüberquerer gezeigt.

Stündlich von 12.00 bis 18.00 Uhr | 01.01. bis 30.04. um 12.00, 15.00, 18.00 Uhr (nicht bei Frost)

Böttcherstraße 4, 28195 Bremen
www.boetcherstrasse.de

KULTURHAUS STADTWAAGE

Prächtige Renaissancefassade, von Lüder v. Bentheim 1586/88 gebaut, nach dem Krieg wieder errichtet. Sitz der Grass-Stiftung und der Deutschen Kammerphilharmonie

Langenstraße 13 | 28195 Bremen

www.bremen-tourismus.de

ST. MARTINI-KIRCHE

1229 gegründet, gotischer Backsteinbau, barocker Orgelprospekt, geschnitzte Kanzel, farbige Fenster mit biblischen Darstellungen. Glockenspiel: Lobe den Herren.

Besichtigung: Mai bis Oktober, Montag bis Samstag, 10.30 bis 12.30 Uhr und 15.00 bis 17.00 Uhr

Dezember: Montag bis Samstag, 15.00 bis 17.00 Uhr

Martinikirchhof 3 | 28195 Bremen

www.kirche-bremen.de

KULTURKIRCHE ST. STEPHANI

Erste Kulturkirche Nordwestdeutschlands. 1139 erbaut, 1944 zerstört, Wiederaufbau 1950 mit Beckerath-Orgel und Mitzlaff-Fenstern.

Besichtigung: Dienstag bis Sonntag, 11.00 bis 18.00 Uhr und zu Veranstaltungen

Stephanikirchhof | 28195 Bremen

www.kulturkirche-bremen.de

MÜHLE AM WALL

In den Wallanlagen steht eine über 100 Jahre alte Mühle, die Sie besichtigen können. In der Mühle befindet sich auch ein sehr gutes Restaurant.

Restaurant: April bis September, täglich ab 9.30 Uhr

Oktober bis März: Montag bis Freitag ab 12.00 Uhr

Samstag und Sonntag ab 9.30 Uhr

Am Wall 212 | 28195 Bremen

www.muehle-bremen.de

PROPSTEIKIRCHE ST. JOHANN

Gotische Kirche des ehemaligen Franziskanerklosters, erbaut etwa 1350. Heute Propstei und Hauptkirche der Katholiken in Bremen.

Besichtigung: Montag bis Samstag, 9.00 bis 19.00 Uhr | Sonntag, 10.00 bis 19.00 Uhr

Gottesdienste: Samstag, 18 Uhr | Sonntag, 11.00 und 18.00 Uhr | werktags 9.15 und 18.00 Uhr

Hohe Straße 2 | 28195 Bremen

www.kgv-bremen.de

Einzigartig in Bremen ist der Schnoor mit seinen kleinen Geschäften, Gassen und Häusern mit alten Schriftzügen.

SCHNOOR (AUCH SCHNOORVIERTEL GENANNT)

In Bremens ältestem Stadtteil scheinen die Häuser wie Perlen an einer Schnur aufgereiht (niederdeutsch »Snoor«). In diesem innerstädtischen Idyll, nur wenige Meter vom Marktplatz entfernt, sind Vergangenheit und hanseatische Tradition bis heute lebendig.

Künstler, Kunsthandwerker und Gewerbetreibende wohnen und arbeiten hier seit dem Mittelalter. Die autofreien Gassen sind ideal zum Schlendern und Verweilen. Kurioses und Originelles von hoher Qualität begegnet dem Besucher auf Schritt und Tritt in den kleinen Geschäften und Galerien. Hier findet jeder das richtige Mitbringsel.

Es lohnt sich, anschließend in eines der vielen Restaurants und Cafés einzukehren. Die Gastronomie ist breit gefächert und hinter jeder Tür öffnet sich ein urig gestaltetes Interieur. Museen und Theater runden den Schnoor-Besuch ab.

www.bremen-schnoor.de

ALTE GEBÄUDE BLIEBEN ERHALTEN

Aus der Zeit der Weserrenaissance ist in Bremen eine Anzahl von Gebäuden erhalten geblieben, unter anderem zählen dazu: das Bremer Rathaus (Kernbau aus der Gotik) von 1612 und der Schütting von 1538, beide am Markt, die Stadtwaage von 1587

und das Essighaus von 1618, beide in der Langenstraße, sowie das Gewerbehaus am Ansgarikirchhof von 1620.
Im 19. und 20. Jahrhundert wurden historisierend im Stil der Neurenaissance u.a. das Postamt 1 an der Domsheide (1879), die Bremer Baumwollbörse (1902) und die Bremer Bank am Domshof (1905) errichtet.

WEITERE BEMERKENSWERTE BAUWERKE IN DER STADT:

Die ehemalige Wasserkunst (»Umgedrehte Kommode« im Volksmund) von 1873 steht auf dem Stadtwerder in der Neustadt.

Der als Kolonialdenkmal errichtete Elefant nach Entwurf des Bildhauers Fritz Behn ist heute das Antikolonialdenkmal im Stadtteil Schwachhausen.

Das Haus des Reichs von 1930, nach Plänen von Hermann und Eberhard Gildemeister errichtet, steht in der Bahnhofsvorstadt.

Das Aalto-Hochhaus von 1962 in der Neuen Vahr entwarf Alvar Aalto.
www.vahreport.de/index.php/vahreport-erika-und-rolf-diehl

Die Stadthalle von 1964 nach Plänen von Roland Rainer, Umbau 2005, steht auf der Bürgerweide (offizielle Bezeichnungen der Bremer Stadthalle: 1964–2004: Stadthalle Bremen, 2005–2009: AWD-Dome, 2009–2011: Bremen-Arena, seit 2011: ÖVB-Arena). Die markanten, schräg verlaufenden Pfeiler der ursprünglichen, seltenen Tragwerkskonstruktion, die beim Umbau 2005 erhalten blieben, sind ein besonderes Charakteristikum.

Der Fallturm von 1990 des ZARM an der Universität Bremen | www.zarm.uni-bremen.de

Das Science Center Universum | www.universum-bremen.de

Der Weser Tower von 2009 in der Überseestadt mit dem höchsten Aussichtspunkt von 80 Metern wurde von Helmut Jahn entworfen.

Der Rembertitunnel zwischen Parkallee und Rembertistraße wird zum Friedenstunnel.
www.rembertitunnel.de

Wasserturm auf dem Werder in Bremen – die »Wasserkunst«

Foto: Matthias Süßen/wikipedia

Foto: Jürgen Howaldt/wikipedia

VIELE SEHENSWÜRDIGKEITEN AUF EINER TOUR

Unsere kleine Entdeckungstour führt durch das Areal zwischen der Wilhelm-Kaisen- und der Bürgermeister-Smidt-Brücke, zwischen der Schlachte und Bremens Neustadt, vorbei an markanten Punkten und dem grünen Gürtel der Stadt.

Der Stadtrundgang »Bremen – bunt und grün« führt zu alten und neuen, bekannten und weniger bekannten Sehenswürdigkeiten der Bremer Neustadt und entlang der Weser. Der Rundweg ist weitestgehend barrierefrei. Mit Kinderwagen, Rollstuhl, Rollator oder mit anderen Gehhilfen sind alle Stationen zu erreichen.

1. WESERBURG

Startpunkt ist die Weserburg auf dem Teerhof an der Bürgermeister-Smidt-Brücke. Seit dem späten 19. Jahrhundert thront die ehemalige Hagensburg auf der Insel zwischen der großen und der kleinen Weser. Einst das Gebäude einer Tabakfabrik und einer Kaffeerösterei, ist es heute eines der größten Museen für moderne Kunst.

2. TEERHOF

Zusammen mit der gegenüberliegenden Schlachte war der Teerhof mit dort ansässigen Werften und Schifffahrtshäusern das maritime Zentrum der Stadt. Im 13. Jahrhundert war das Teerhaus – wegen der hohen Brandgefahr – der einzige Ort, an dem Teer produziert werden durfte. Seit einigen Jahren ist die kleine Insel beliebtes Wohnviertel mit einem tollen Blick auf die Schlachte. Den Hof säumen Skulpturen zeitgenössischer Künstler.

3. DIE KLEINE WESER

Entlang des Teerhofs verlassen Sie die Bremer Halbinsel und erreichen das Neustädter Festland. Die Neustadt gilt als junges Szeneviertel, das neben den vielen Grünanlagen auch Platz für vielfältige Kultur und Kunst bietet.

4. LUCIE-FLECHTMANN-PLATZ

Dieser Begegnungsort für Jung und Alt geht auf die Initiative »Ab geht die Lucie« zurück. Nachbarn, Bewohner eines Seniorenheims und ein Kindergarten gründeten

dieses Gemeinschaftsprojekt. Was früher ein grauer Platz war, ist heute ein grüner Treffpunkt vieler Generationen.
Gleich gegenüber ist die Fabrik des Schokoladenherstellers Hachez. Seit 1890 wird hier Feinstes aus Kakaobohnen hergestellt. Die Köstlichkeiten sind in der ganzen Stadt erhältlich. Es gibt auch einen Werksverkauf.

5. NEUSTADTSWALLANLAGEN

Die Grünanlage, die früher dem Schutz der Bremer Altstadt diente, bietet heute einen hohen Freizeit- und Erholungswert. Die mächtigen Befestigungsanlagen sind einer grünen und bunt genutzten Parklandschaft gewichen.

6. SHAKESPEARE COMPANY

Kultur satt. Die »bremer shakespeare company« ist berühmt für ihre Eigeninterpretationen des englischen Dramatikers. In der Theaterkneipe Falstaff lässt man das Erlebte bei einem guten Bier nachklingen.

7. WERDERSEE

Wenn Sie kurz vor der Wilhelm-Kaisen-Brücke sind, gehen Sie an der kleinen Weser entlang Richtung Werdersee, einem kleinen Badesee mit viel Natur drumherum.

8. BLICK AUF DIE WESER

Der Fluss in der Stadt. Was kann schöner sein? Genießen Sie die Zeit an der Schlachte in einem der Gartenlokale oder legen Sie sich am Osterdeich in die Sonne und lassen Sie die Sportboote und Binnenschiffe an sich vorbeiziehen. Bei Heimspielen hören Sie die Gesänge aus dem Weser-Stadion.

9. DIE SCHLACHTE

Bremer und Touristen lieben diesen Ort. Hier finden zahlreiche Veranstaltungen wie das Drachenbootrennen im Sommer oder der Schlachtezauber in der Vorweihnachtszeit statt. Wunderschön ist ein Spaziergang am Wasser oder der Genuss der Sonne an der Flaniermeile.

An dieser Stelle haben Sie den Rundgang beendet. Bis zur Innenstadt sind es wenige Gehminuten.

Das Gewerbehaus ist Sitz der ältesten deutschen Handwerkskammer.

FÜHRUNGEN IN DER STADT

Erleben Sie Bremen und seine Sehenswürdigkeiten bei interessanten Führungen. Hier eine Auswahl. Tickets und Anmeldungen bei der Bremer Tourismus-Info.

Das Bismarck-Denkmal von 1910

INDIVIDUELLE STADTFÜHRUNGEN

Erkunden Sie in Ihrer eigenen Gruppe die Stadt zu Themen wie »Bremens düstere Seiten«, »Sagenhaftes Bremen« oder ganz klassisch rund um den Marktplatz.

Termine nach Vereinbarung | Dauer ca. 2 Stunden
75,– € (Gruppen bis max. 25 Pers.)
29,– € jede weitere Stunde
www.bremen-tourismus.de

BECK'S BRAUEREI

Erfahren Sie Interessantes rund ums Bierbrauen und über die Marken Beck's und Haake-Beck. Erleben Sie Museum, Rohstoffraum und Sudhaus, danach gibt es einen kleinen Biertest.

Termine: Donnerstag bis Samstag, 10.00, 11.30, 13.00, 15.00, 16.30, 18.00 Uhr auf Anfrage.
Anmeldung erforderlich | Dauer ca. 2 Stunden | in Deutsch oder Englisch
Am Deich 18/19 | 28199 Bremen | www.becks.de

RAUMFAHRT-FÜHRUNG

Begehen Sie den Nachbau des Columbus-Moduls, das mit der ISS um die Erde kreist, und blicken Sie in die Produktionsräume bei Airbus Defence & Space.

Samstag, 14.00 und 16.00 Uhr, nur in Deutsch
Treffpunkt: Domsheide/Glocke | www.bremen-tourismus.de/airbus

MERCEDES-BENZ WERKSBESICHTIGUNG

Blicken Sie hinter die Kulissen einer hochmodernen Autofabrik und erleben Sie die Geburt von SL, SLK, C-Klasse, E-Klasse Coupé oder GLK hautnah.

Termine: Montag, 9.30 Uhr (deutsch) | Mittwoch, 16.00 Uhr (deutsch)
Donnerstag, 10.00 Uhr (englisch) | Freitag, 14.30 Uhr in Deutsch und Englisch
www.mercedes-benz.de | www.bremen-tourismus.de/fuehrungen-tickets-und-mehr

TÄGLICHE STADTFÜHRUNG

Erleben und entdecken Sie die Besonderheiten Bremens. Lassen Sie sich etwas über die Bauwerke sowie Bremens Geschichte und die Bremer erzählen.

Täglich 14 Uhr | zusätzlich Samstag, 11.00 Uhr | Dauer ca. 2 Stunden | Sprachen: Deutsch und Englisch
Treffpunkt: Tourist-Information | Langenstraße/Marktplatz

STADTRUNDFAHRT

»Erfahren« Sie alles auf der Maxi-Bus-Tour: 1.200 Jahre Geschichte und Stadtentwicklung – von »Tradition bis Moderne« in der Freien Hansestadt.

Täglich: 11.00 Uhr ab Hbf., Halteposition L
12.30 Uhr ab Domsheide/Glocke
Dauer ca. 1,5 Stunden
zweisprachig: Deutsch/Englisch
Treffpunkt: ZOB Hbf. Halteposition L
Innenstadt: Domsheide/Glocke

MINI-BUS-TOUR

Entdecken Sie bequem und umweltbewusst die Bremer Innenstadt oder die Überseestadt mit dem Mini-

Elektrobus »Emma« und erleben Sie viele bekannte Sehenswürdigkeiten im »Vorbeifahren«.

Treffpunkt: Tourist-Information Langenstraße/Marktplatz | www.bremen-tourismus.de/emma

INNENSTADT-FÜHRUNG

Anfang April bis Anfang Oktober, in der Regel mehrmals täglich: ab 10.30 Uhr

Dauer ca. 35 Minuten | nur in Deutsch

ÜBERSEESTADT-FÜHRUNG

Anfang April bis Anfang Oktober, 14 Uhr, in der Regel im Sommer täglich

Dauer ca. 65 Minuten | nur in Deutsch

RATHAUS-FÜHRUNG

Besuchen Sie das Schmuckstück am Bremer Marktplatz, das über 600 Jahre alte Rathaus – seit 2004 UNESCO-Welterbe.

Montag bis Samstag, 11.00, 12.00, 15.00, 16.00 Uhr | Sonntag, 11.00, 12.00 Uhr (Änderungen vorbehalten, bei Senatsempfängen oder Veranstaltungen keine Besichtigung möglich.)

Dauer ca. 1 Stunde | zweisprachig: Deutsch/Englisch | Treffpunkt: Rathaus, Am Markt/Domseite

RATSKELLER-FÜHRUNG

Der berühmte Bremer Ratskeller beherbergt die größte Weinsammlung Deutschlands. Der älteste Fasswein von 1653 lagert im ehrwürdigen Rosekeller.

Januar bis November, Freitag, 16.00 Uhr | März bis November auch Freitag, 15.00 Uhr

Dauer ca. 1 Stunde | nur in Deutsch | Treffpunkt: Tourist-Information Langenstraße/Marktplatz

BUNTES VIERTEL

Beim geführten Bummel erleben Sie das quirlige Viertel. Kunstvielfalt und Kulinarisches aus aller Herren Länder sowie die erhabenen Altbremer Häuser zeichnen den Stadtteil aus.

Mai bis Oktober: Samstag, 13.30 Uhr | nur in Deutsch | Treffpunkt: Kunsthalle Bremen

DRAHTESEL-SAFARI

Diese spannende Rallye führt Sie quer durch die historische Hansestadt. Entdecken Sie während der Schnitzeljagd die Vielfalt Bremens.

Dienstag bis Sonntag nach Vereinbarung | Dauer ca. 3–4 Stunden

Treffpunkt: Tourist-Information Hauptbahnhof

Ausgangspunkt vieler Führungen: der Marktplatz

HEKE
ZONE

AUDIOGUIDE-TOUR

Bestimmen Sie selbst, wie Sie Ihren individuellen Stadtrundgang gestalten wollen und wie lange Sie sich an den 13 Stationen aufhalten.

Ausleihgebühr mit Abspielgerät in der Tourist-Information: Erwachsene 7,50 € (zzgl. Kaution)
Herunterladen der Tour auch speziell für Kinder im Internet unter www.bremen-tourismus.de, kostenlos erhältlich in Deutsch, Englisch, Italienisch und Spanisch | Langenstraße/Marktplatz

ART.TOURS-BREMEN – Stadtführungen und mehr

Stadtführungen in Bremen – unterhaltsam und informativ für Einzelpersonen und Gruppen.

Treffpunkt: nach Vereinbarung | www.arttours-bremen.de

ASTRO WALK BREMEN

Auf den Spuren europäischer Astronomen wie Olbers, Gauß und Bessel, eine Werkbetrachtung in einem Museum, die Kunst im öffentlichen Raum einbeziehend.

Treffpunkt: vor der Kunsthalle Bremen | www.astro-walk.com

BIRGITTA RUST – PIEKFEINE BRÄNDE

Brennerei als gläserne Manufaktur. Edle Obstbrände und -geiste, Brenn- und Sensorikseminare. Degustationen und Führungen.

Hoerneckestraße 3 | 28217 Bremen | www.br-piekfeinebraende.de

BREMER SCHATZSUCHE

Die elektronische Schnitzeljagd mit GPS-Gerät – spannend und lehrreich. Machen Sie sich auf die Suche nach dem Schatz und entdecken Sie Bremen einmal völlig anders.

www.bremer-schatzsuche.de

DEUTSCHE GESELLSCHAFT ZUR RETTUNG SCHIFFBRÜCHIGER

Kostenlose Besichtigung des Betriebsgeländes der DGzRS nach Voranmeldung.

Montag bis Freitag, 10.00 und 14.00 Uhr
Werderstraße 2 | 28199 Bremen | www.dgzrs.de

DPS-SERVICE

Folgen Sie den Spuren der Bremer Stadtmusikanten auf drei Touren in die historische Altstadt, die Böttcherstraße und den Schnoor.

Mai bis Oktober, Freitag und Samstag, 15:45, 17.00 und 18:15 Uhr | Treffpunkt: Dieter-Klink-Platz

FÜHRUNG MIT DEN BREMER STADTMUSIKANTEN

Lassen Sie sich von den vier berühmten Bremern höchstpersönlich auf diesen »tierischen« Stadtrundgang mitnehmen.

Nach Vereinbarung, Dauer ca. 1 Stunde.

Treffpunkt: nach Vereinbarung | THEATER INTERAKTIWo | www.theater-interaktiwo.de

FÜHRUNG ENTLANG DER MARITIMEN MEILE

Entdecken Sie entlang der 1.852 Meter langen Strecke maritime Attraktionen, Erlebnismuseen und viel authentisches Seefahrerflair.

Vegesack Marketing e. V. | Gerhard-Rohlfs-Straße 62, 28757 Bremen | www.bremen-tourismus.de

»I WAS HERE« – FOTOFÜHRUNG

Erleben Sie mit einem professionellen Fotografen eine unterhaltsame Fototour durch Bremen und begeben Sie sich auf die Suche nach schönen Fotomotiven.

Treffpunkt: Domtreppen | www.bremen-tourismus.de

Das Hafenmuseum mit der »Wilhelm Hübotter«

KULTUR VOR ORT

Theatrale Führungen mit dem Nachtwächter und Gesche Gottfried sowie maritime Spaziergänge durch die Überseestadt.

Montag bis Mittwoch, 10.00 bis 14.00 Uhr | Freitag, 10.00 bis 13.00 Uhr
Treffpunkt: nach Vereinbarung | www.kultur-vor-ort.com

LITERATUREXPRESS

Gleiten Sie durch die schöne Stadtlandschaft Bremens in einer modernen Rikscha. Der Chauffeur liest an markanten Haltepunkten Lyrik und Prosa für Sie.

Berliner Freiheit 9 | 28327 Bremen | www.literatur-express.de

LLOYD CAFFEE

Der Weg des Kaffees von der Plantage bis in die Tasse. Wissenswertes über Ludwig Roselius und Besichtigung des Marmorsaals.

Montag, 11.00 bis 12.30 Uhr und jeden ersten Freitag um 15.00 Uhr | jeden ersten Sonntag um 15.30 Uhr (außer feiertags)
Fabrikenufer 115 | 28217 Bremen
www.lloyd-caffee.de

NACHTWÄCHTER-RUNDGANG

Jeden Freitag und Samstag ohne Voranmeldung ab Stadtmusikanten/Rathaus. Weitere Angebote und ein Schulklassenprogramm.

Januar bis April/November bis Dezember, Freitag und Samstag, 20.30 Uhr | Mai bis Oktober, Freitag und Samstag, 21.30 Uhr, zusätzlich Mittwoch und Donnerstag, 21.00 Uhr | Dauer: ca. 1,5 Stunden, (auch individuell für Gruppen buchbar)
Angebot von StattReisen e. V.
Treffpunkt: Stadtmusikanten am Rathaus | www.bremen-tourismus.de

NACHTWÄCHTER ZU BREMEN

Angebot von Dieter Hermann. Diese Spielführung mit Nachtwächter Schorse muss man erlebt haben – einmalig originell. Termine auf Anfrage.

Mai bis September, Freitag und Samstag, 21:30 Uhr | Februar bis April und Oktober bis Dezember, Freitag und Samstag, 20:30 Uhr
Treffpunkt: Roland auf dem Marktplatz | www.nachtwaechterzubremen.de

ROSIGE ZEITEN – Stadtführungen in Bremen und umzu

Offene und gebuchte Führungen durch Altstadt und Schnoor, Viertel und Überseestadt. Mittelalter- und Schauergeschichtenführungen.
Verschiedene Treffpunkte | www.bremen-lotsen.de

SEGWAY-AGENTUR-BREMEN

Mit dem Segway die Stadt erkunden, nichts leichter als das. Auf drei Touren kann insbesondere die Überseestadt entdeckt und Bremen neu erfahren werden.
Treffpunkt: nach Vereinbarung | www.segway-agentur-bremen.de

SEHENSWERT IN BREMEN

Nicht nur für Urlauber, auch für Bremer. Bremen kulinarisch oder klassisch. Bremen zu Fuß oder mit dem Bus.
Treffpunkt: nach Vereinbarung | www.bremen-tourismus.de

STADIONFÜHRUNG

Weser-Stadion live: Erkunden Sie das Zuhause von Werder Bremen unter der Führung geschulter Mitarbeiter. Eintritt in das Wuseum inklusive.
Franz-Böhmert-Straße 1c | 28205 Bremen | www.weserstadion.de

STRASSENKRIMI BREMEN

Lösen Sie im Live-Rollenspiel einen Mordfall. Sammeln Sie Beweise, verhören Sie Zeugen und legen Sie am Ende dem Täter die Handschellen an.
Verschiedene Treffpunkte | www.strassenkrimi.de

Der Schaufelraddampfer »Weserstolz«
am Schlachteanleger

SCHIFFE IN BREMEN

Bremer Weserkahn »Franzius«

Nachbildung eines alten Weser-Lastenseglers (Traditionsschiff). Kann für private und geschäftliche Anlässe für Törns gechartert werden (max. 30 Pers.).

Vegesacker Hafen/Europahafen
www.franzius-weserkahn.de

Bremer Weser- und Hafenrundfahrt

Start: Martinianleger Bremen. Sie genießen eine Schifffahrt an der Schlachte vorbei in die bremischen Häfen. Erfahren Sie Interessantes über Bremen, Häfen, Schiffe und Handel. Nach Fahrplan. Während des Weihnachtsmarktes inkl. Heißgetränk und Gebäck.

Halöver | Schlachte 2 | 28195 Bremen
www.hal-oever.de

Maritime Tradition

Der Verein betreibt historische Schiffe sowie einen Schlepper an Land und eine Signalstation in Vegesack; außerdem viele andere Aktivitäten.

Signalstation Vegesack: Mai bis Oktober, jeweils Samstag und Sonntag, 14.00 bis 18.00 Uhr
Vegesack Nautilus | www.mtv-nautilus.de

Motoryacht »NEDEVA«

NEDEVA lässt den Luxus der Belle Epoque wieder auferstehen. Events bis zu 34 Personen, Übernachten in fünf Kabinen für 11 Personen, Fahrten für max. 10 Personen.

Schlachte-Anleger 3 | 28195 Bremen
www.ppcharter.com

Schiff »DE LIEFDE«

Der Windjammer bietet mit seiner Gesamtlänge von 72 Metern individuelle Lösungen für Feiern wie Betriebsfeste, Empfänge, Geburtstage und Hochzeiten. Mai bis September, Sonntag, 13.00 bis 18.00 Uhr und nach Vereinbarung.

Auf dem Dreieck 5a | 28197 Bremen
www.delief.de

»Schulschiff Deutschland«

Heute steht das einzige Vollschiff unter deutscher Flagge für Übernachtungen und Veranstaltungen zur Verfügung. Liegeplatz an der Lesum, Bremen-Vegesack.

Zum Alten Speicher 15 | 28759 Bremen
www.schulschiff-deutschland.de

Die Überseestadt
mit dem Weser-Tower

DIE ÜBERSEESTADT

EIN NEUER STADTTEIL ENTSTEHT DIREKT AN DER WESER

Über viele Jahre war der Bereich des ehemaligen Freihafens Arbeitsplatz für Hunderte Menschen. Touristen und Bremer verirrten sich eher selten dorthin. Seit dem Jahr 2000 ist alles anders. Damals sanierte ein Privatinvestor den 400 Meter langen Speicher XI. Es war der Startschuss für eines der größten innerstädtischen Bauprojekte der Stadt. Der viergeschossige Speicher aus dem Jahr 1910 ist seitdem Sitz der Hochschule für Künste, des Hafenmuseums sowie des Infocenters Überseestadt und kultiger Ort der Genüsse. Das Museum zeigt die Geschichte des Hafens und seiner Menschen vom 19. bis zum 21. Jahrhundert. Auf zahlreichen Monitoren und mithilfe vieler Exponate wird der Hafen wieder lebendig. Sie schildern die schwere Arbeit an den Kaianlagen und in den zahlreichen Lagerhäusern und Speichern. Im Infocenter erhalten Sie Einblicke in die Geschichte des Freihafens und in die Zukunft des ehrgeizigen Projekts.

BREMENS HAFEN VERLOR AN BEDEUTUNG

Bremens Hafen entstand zwischen 1888 und 1917 und galt mit dem Europa-, Übersee- sowie Holz- und Fabrikenhafen als einer der größten norddeutschen Seehäfen. Fracht aller Art wurde von den Schiffen entladen und in Schuppen zwischengelagert. Mit dem Beginn des Containerverkehrs schwand die Bedeutung des Bremer Hafens und wurde von dem in Bremerhaven abgelöst, dessen optimale Anbindung an die großen Schifffahrtsstraßen viele Vorteile brachte.
Der Senat entwickelte einen Masterplan für das 300 Hektar große Gelände. Aus dem Europa- und Überseehafen wurde die Überseestadt – ein Areal, das Wohnen, Arbeiten, Lehre, Shopping, Kunst und Gastronomie verbindet. Aus alten Lagerhäusern wurden Lofts und Büros. Heute erfreuen sich die Flächen großer Nachfrage. Mit der

Zuschüttung des Überseehafens und der Verlagerung des Großmarkts vor den Speicher XI begann die umfangreiche Umgestaltung.

Der Speicher XI beherbergt das Hafenmuseum und das Infocenter Überseestadt.

EHRGEIZIGES ENTWICKLUNGSKONZEPT

Was aus dem Plan wurde, lässt sich heute anschaulich erkunden. Bereits hinter der Stephanibrücke beginnt das neue Weser-Quartier als Anbindung an die Innenstadt mit der Schlachte. Bequem zu Fuß oder mit dem Rad kann man in Richtung der neuen Überseestadt schlendern oder fahren.

Der 82 Meter hohe Weser-Tower bildet das Entree zum neuen Areal. Der amerikanische Architekt Helmut Jahn entwarf den gläsernen Büroturm, der wie ein Symbol für den Wiederaufbau aus der Skyline ragt. Der Pariser Fassadenlichtkünstler Yann Kersalè entwarf die Beleuchtung, die mit Beginn der Dämmerung ein beeindruckendes Licht erzeugt. Nebenan entstanden das Steigenberger-Hotel und das GOP-Varietè-Theater. Das ehemalige Eduscho-Gebäude und die frühere Rösterei wurden zu modernen Büros mit Blick über die Stadt umfunktioniert.

Der Uferbereich des Europahafens ist zur Promenade umgebaut. An der Kaikante lässt es sich herrlich flanieren. Hier liegt stolz das Segelschiff »Alexander von Humboldt« – bekannt aus der Werbung für die Brauerei Beck's. Nebenan können bis zu 70 Segler und Yachten in der neu geschaffenen Marina festmachen.

Foto: Matthias Süßen/wikipedia

WOHNEN, ARBEITEN UND SHOPPEN

Im Speicher I fanden nach der Sanierung Inhaber von Gewerbebetrieben und Einzelhändler ihr Zuhause. Zum Wasser hin sind die »Ports« entstanden – moderne Bauten mit exklusiven Wohnungen. Kleine Läden und Restaurants laden ihre Gäste ein. Im Schuppen II hat die Silbermanufaktur Koch & Bergfeld ihren Showroom errichtet.

TIPP

Koch & Bergfeld Silbermanufaktur
Hoerneckestr. 33–37 | Schuppen 2
Tel. 0421-5590670
Montag bis Freitag, 10.00 bis 17.00 Uhr
Samstag, 11.00 bis 14.00 Uhr
www.kb-corpus.com

Zentrum für Automobilkultur und Mobilität
Konsul-Smidt-Str. 20–26 | Schuppen 1
Montag bis Freitag, 8.00 bis 20.00 Uhr
Samstag/Sonntag, 10.00 bis 20.00 Uhr
www.schuppeneins.de

Hafenmuseum, Infocenter Überseestadt
Am Speicher XI | Tel. 0421/3038279
Dienstag bis Sonntag, 11.00 bis 18.00 Uhr
Hafenmuseum kostenpflichtig,
Infocenter Eintritt frei
www.hafenmuseum-speicherelf.de
www.ueberseestadt-bremen.de

Im 400 Meter langen Schuppen I ist das »Zentrum für Automobilkultur und Mobilität« untergebracht. Neben automobilen Raritäten kann man hier auch bei der Restaurierung von Oldtimern zusehen. Zwei Restaurants und die Galerie Art Docks geben dem Gebäude den kulinarischen und künstlerischen Anstrich.

NEUE WOHNHÄUSER UND EIN PARK

Am Weserufer sind neue Wohnhäuser mit überwältigendem Blick auf den Fluss entstanden. Der 1926 erbaute Molenturm sendet seine Leuchtsignale die Weser hinauf und zeigt immer noch den Schiffen ihren Weg. Hinter dem Landmark-Tower und dem neuen Großmarkt entstehen in den kommenden Jahren weitere Wohn- und Büroquartiere. Auch ein Park und öffentliche Plätze sind in Planung.

Das Kaffee-HAG-Werk I, Hagstraße 3 steht unter Denkmalschutz.

IM HAFEN WIRD GEARBEITET

Die Alte Feuerwache ist längst schon ein angesagtes italienisches Restaurant. Hier ist man mittendrin im Hafengeschehen und kann den Männern in der Ferne bei der Arbeit zusehen. Im Holz- und Fabrikenhafen sind weiterhin Firmen aktiv und nutzen die Kaianlagen zum Laden und Löschen ihrer Waren. Die Roland-Mühle produziert seit Jahrzehnten dort ihr gutes

Mehl. Viele Dienstleister, Spediteure, Schiffsausrüster und Staufirmen sind immer noch an diesem Ort aktiv und sorgen dafür, dass der Hafen »läuft«.

Der Bremer Hafen hatte auch immer mit Kaffee zu tun. Die Bremer Kaffeedynastie HAG hat die Hansestadt als Kaffeehochburg berühmt gemacht. Das HAG-Gebäude aus dem Jahr 1906 gilt als Vorbild für moderne Industriearchitektur. Dieses und das Kaba-Werk wurden saniert. Heute befindet sich Lloyd-Caffee in der früheren HAG-Rösterei.

Nicht mehr ganz Überseestadt, doch am Rande des neuen Wohnareals, gibt es auch eine Menge zu sehen. Der Stadtteil Gröpelingen war früher der Wohnort der Hafenarbeiter. Hier ist noch ein Stück »echter« Hafen zu finden. Gleich hinter dem Mega-Einkaufszentrum Waterfront beginnt der Industriehafen mit seinen aktiven Hafenbecken, in denen Stück- und Schüttgut gehandelt werden. Schiffe, die über die Weser nach Bremen kommen, legen dort an. Entlang der Straße am Ufer erreicht man die Schleusenanlagen, von denen man einen tollen Blick auf die Weser und in den Hafen hat. Hinter dem Einkaufszentrum befindet sich das »Pier 2« – eine Veranstaltungshalle, in der Musikkonzerte stattfinden. Daneben steht ein besonderes Bauwerk. Der »Koloss« ist ein altes Getreidesilo gigantischen Ausmaßes. Gelegentlich kann das Gebäude auch besichtigt werden.

Tel. 0421-6197727 | info@kultur-vor-ort.com

Die Waterfront bietet Ihnen alles, was das Einkaufsherz begehrt. Neben allen großen Ketten ist dort auch ein großer Gastronomiebereich untergebracht. Im Sommer kann man am Weserufer den Tag genießen.

TIPP

Kaffeeseminar der **Lloyd-Caffee**
mit Ausschank und Show-Röstung
Fabrikufer 115 | Gebäude 42
Tel. 0421-38332211
www.lloyd-caffee.de

Gut Essen in der Überseestadt

Chilli Club | Am Weser-Terminal 8
Hansen (Newport) | Konsul-Smidt-Str. 8
El Mundo | Konsul-Smidt-Str. 10 a
Al-Dar | Konsul-Smidt-Str. 26
Feuerwache | Waller Stieg 5
Hafencasino Trucker Stop | Waller Stieg 6

Der »Rosslenker« von Louis Tuaillon in den Wallanlagen

BREMEN – DIE GRÜNE STADT

VIEL GRÜN ZUM ENTSPANNEN

Bremen ist grün und deshalb bei Bremern und Besuchern gleichermaßen beliebt. Nicht nur weil die beiden Aushängeschilder der Hansestadt – der Fußballverein Werder Bremen und die Traditionsbrauerei Beck GmbH und Co. – diese Farbe zum Markenzeichen gemacht haben. Das Stadtbild besticht vielmehr durch ausgedehnte Grünflächen, idyllische Parks und bezaubernde Gärten.

Im Herzen der Stadt liegt der Bremer Bürgerpark. Er zählt zu den bedeutendsten Landschaftsparks Deutschlands und umfasst mit dem angrenzenden Stadtwald eine Gesamtfläche von über zweihundert Hektar. Hinter der Arena beginnt das Paradies für Wanderer, Müßiggänger und Freizeitsportler. Jogger finden ausgezeichnete Trainingsmöglichkeiten vor und Biergärten bieten Erfrischung während einer Fahrradtour ins Bremer Umland.

Ein ausgeprägtes Wegenetz lädt zu Spaziergängen ein, vorbei an Kinderspielplätzen, einem Tiergehege und einem Minigolfplatz. Auf zahlreichen Liegewiesen können sich die Besucher des Parks entspannen oder das Gelände bei einer Bootstour erkunden.

PARKS UND WALLANLAGEN

Ein ebenso schöner Landschaftsgarten liegt in den historischen Wallanlagen. Wie ein grünes Band umschließen diese das Stadtzentrum Bremens. Mit ihren sanft ansteigenden Hügeln, dem sich malerisch schlängelnden Wallgraben und einem gut erhaltenen Baumbestand sind die Wallanlagen für die Bremer Bürger seit über zweihundert Jahren ein nicht wegzudenkender Erholungsraum mitten im Zentrum der Stadt. Einen schönen Blick auf die Anlage bietet das Restaurant in der Mühle am Wall.

BREMENS RHODODENDRONPARK

Weit über die Grenzen der Stadt hinaus ist der Rhododendronpark eine Attraktion. Der in Deutschland einmalige Park beherbergt rund 550 der weltweit insgesamt 1.000 wild vorkommenden Rhododendron-Arten; dazu noch einmal je rund 1.000 verschiedene Zuchtsorten von Rhododendren und Azaleen. Seit Sommer 2003 lädt hier die »botanika«, das grüne Science Center, mit seiner Vielfalt und Faszination zu ganz außergewöhnlichen Erkundungen in drei Etappen ein: Entdeckerzentrum, Himalaya/Borneo und Japanischer Garten. Die authentisch nachgebildeten Erlebnislandschaften zeigen die Rhododendren in ihrer vollen Blütenpracht an ihrem natürlichen Standort. Die Darstellung vermittelt mit kleinen Brücken, Gewässern, einem Wasserfall und Felsen die Verbindung von Mensch, Kultur und Natur auf einzigartige Weise.

Foto: Heinz-Josef Lücking/wikipedia

KNOOPS PARK LÄDT ZUM ENTSPANNEN EIN

Knoops Park in St. Magnus, einem Ortsteil in Bremen-Nord, ist eine der schönsten Parkanlagen in Bremen. Er ist benannt nach dem Textilkaufmann Ludwig Knoop. Viele ausländische Gehölze, freie Wiesenflächen, ein ausgedehntes Wegenetz und eine ausgeprägte Geländemodellierung bestimmen das Bild. Zum Park gehört ein Blindengarten, der Sehbehinderten durch Tafeln in Blindenschrift die Gelegenheit gibt, die verschiedenen Pflanzen kennenzulernen.

Die Deutsche Kammerphilharmonie Bremen lässt sich seit nunmehr zwanzig Jahren von der einzigartigen Atmosphäre in Knoops Park faszinieren. Seit 1995 finden hier Open-Air-Konzerte mit klassischer Musik statt. Titel der beliebten Veranstaltung ist »Sommer in Lesmona«, benannt nach dem bekannten Briefroman von Marga

Logenplatz am Café Sand

INFO

Sielfähre »Ostertor«
Mit der kleinsten Bremer Fähre fahren Sie zwischen Sielwall am Osterdeich und dem Café Sand auf dem Stadtwerder. Ein herrlicher Platz zum Entspannen. Besonders für Kinder ist der Strand ein toller Platz zum Toben und Baden.
www.hal-oever.de

Berg, der hier spielt. Auch heute hat ein musikalischer Ausflug zum »Sommer in Lesmona« nichts von seiner Magie verloren: Geboten werden Erholung, Musikgenuss und Vergnügen für Klassikliebhaber, Lebenskünstler und die ganze Familie.

AUSFLUG INS BLOCKLAND

Doch auch das Bremer Umland gehört ins grüne Stadtbild: Immer einen Ausflug wert ist das Bremer Blockland, das sich nahtlos nördlich an Bürgerpark und Stadtwald anschließt. Neben grasenden Kühen und schier endlos weiten Feldern und Weiden reihen sich an den Deichen idyllische Gasthöfe und traditionelle Landwirtschaftsbetriebe aneinander. Auf Holzbänken und im Schatten der Bäume lässt sich hier selbstproduziertes Bio-Eis genießen und den Bauern kann beim Melken der Kühe über die Schulter geschaut werden. Nicht nur im Sommer lohnt sich ein Besuch dieses naturnahen Quartiers.

In keiner anderen Stadt Deutschlands mit mehr als 500.000 Einwohnern machen mehr Menschen ihre Wege mit dem Rad als in Bremen. Europaweit rangiert die Hansestadt auf dem 3. Platz der Fahrradstädte. Mit der neuen Bremen BikeCity-Guide-App wird die Fahrt durch die Städte und in das niedersächsische Umland zu einem Heimspiel. Die App zum kostenlosen Download auf das Smartphone kennt die kurzen, schnellen und attraktiven Wege durch die Stadt, weist auf Sehenswürdigkeiten hin, liefert interessante Informationen, funktioniert offline und ist immer aktuell. Das hilft, die Stadt besser und erlebnisreicher kennenzulernen. Vier neu entwickelte Radrouten machen das Entdecken der Hansestadt für Drahteselfans jetzt noch einfacher. Weitere werden folgen. Die Touren sind durchgängig beschildert und werden sowohl auf der Bremen BikeCityGuide-App als auch in informativen Kartenflyern beschrieben.

ADRESSEN DER PARKS UND GÄRTEN AB SEITE 94 MIT WEITEREN TIPPS

Mehr Informationen über Bremen und seine vielfältigen Angebote sind über das Service-Telefon der BTZ unter der Nummer 0421-30 80010 oder im Internet unter www.bremen-tourismus.de erhältlich.

Ausflugsschiff vor dem Weserdeich

Im Dom finden
Sie den Bleikeller und
das Dom-Museum.

MUSEEN IN BREMEN

WISSENSWELTEN UND ERLEBNISMUSEEN

botanika – das grüne Science Center

Gehen Sie auf Expedition durch faszinierende Pflanzenwelten und asiatische Lebensräume. Erfahren Sie mehr über die Kulturen fernöstlicher Regionen.

Montag bis Freitag, 9.00 bis 18.00 Uhr | Samstag und Sonntag, 10.00 bis 18.00 Uhr

Deliusweg 40 | 28359 Bremen | www.botanika-bremen.de

Universum Bremen

Erleben Sie Wissenschaft als Abenteuer mit über 250 Exponaten im Science Center zu unterschiedlichen Themenbereichen sowie wechselnde Sonderausstellungen in der Schau-Box.

Montag bis Freitag, 9.00 bis 18.00 Uhr

Samstag und Sonntag, 10.00 bis 18.00 Uhr

Wiener Straße 1a | 28359 Bremen

www.universum-bremen.de

Foto: Matthias Süßen/Wikipedia

Bremer Geschichtenhaus

Freuen Sie sich auf eine unterhaltsame Reise mit Bremer Berühmtheiten in die Vergangenheit Bremens, die im Bremer Geschichtenhaus lebendig wird.

Dienstag bis Sonntag, 11.00 bis 18.00 Uhr | Montag ab 12.00 Uhr

Wüstestätte 10 | 28195 Bremen | www.bremer-geschichtenhaus.de

Olbers-Planetarium

Shows unter dem Sternenhimmel für Jedermann. Sonderveranstaltungen für Geburtstage, Betriebsausflüge und Events.

Werderstraße 73 | 28199 Bremen | www.planetarium.hs-bremen.de

Übersee-Museum Bremen

Ferne Kontinente im Bremer Übersee-Museum. Eine Erlebniszeitreise in die Geschichte ferner Länder. Seit über 100 Jahren präsentiert das Übersee-Museum »Die Welt unter einem Dach«.

Dienstag bis Freitag, 9.00 bis 18.00 Uhr | Samstag und Sonntag, 10.00 bis 18.00 Uhr

Ferien: Dienstag bis Sonntag, 10.00 bis 18.00 Uhr

Bahnhofsplatz 13 | 28195 Bremen | www.uebersee-museum.de

KUNST

Kunsthalle Bremen

Meisterwerke aus 600 Jahren: Malerei, Bildhauerei, Druckgrafik, Medienkunst. Deutsche und französische Impressionisten, große Sonderausstellungen.

Dienstag, 10.00 bis 21.00 Uhr | Mittwoch bis Sonntag, 10.00 bis 17.00 Uhr

Am Wall 207 | 28195 Bremen | www.kunsthalle-bremen.de

ZWEI MUSEEN IN DER BÖTTCHERSTRASSE

Dienstag bis Sonntag, 11.00 bis 18.00 Uhr

Böttcherstraße 6–10 | 28195 Bremen | www.museen-boettcherstrasse.de

Paula Modersohn-Becker Museum

Das erste Museum der Welt, das einer Malerin gewidmet wurde. Es zeigt zahlreiche Werke Paula Modersohn-Beckers sowie bedeutende Sonderausstellungen.

Ludwig Roselius Museum

Spätmittelalterliche Kunst, bürgerliche Wohnkultur und der Silberschatz der »Compagnie der Schwarzen Häupter« aus Riga sind hier zu betrachten.

Foto: Tnarik Innael/flickr.com

Der Eingang des Museums in der Böttcherstraße

GAK – Gesellschaft für Aktuelle Kunst

Die Gesellschaft für Aktuelle Kunst präsentiert seit 1980 in wechselnden Gruppen- und Einzelausstellungen internationale Gegenwartskunst in Bremen.

Dienstag bis Sonntag, 11.00 bis 18.00 Uhr | Donnerstag, 11.00 bis 20.00 Uhr

Teerhof 21 | 28199 Bremen | www.gak-bremen.de

Kopf eines kleinen Mädchens (Elsbeth), 1902
Paula Moderson-Becker lebte zeitweise
in Worpswede.

Gerhard-Marcks-Haus

Das Bildhauermuseum im Norden. Sonderausstellungen zeigen zeitgenössische Bildhauerkunst. Daneben wird der Nachlass des bedeutenden Bildhauers Gerhard Marcks betreut.

Dienstag bis Sonntag, 10.00 bis 18.00 Uhr

Donnerstag auch bis 21.00 Uhr

Am Wall 208 | 28195 Bremen

www.marcks.de

Künstlerhaus Bremen

Künstlerateliers und Ausstellungen junger internationaler Künstler.

Mittwoch bis Sonntag, 14.00 bis 19.00 Uhr

Am Deich 68–69 | 28199 Bremen

www.kuenstlerhausbremen.de

Overbeck-Museum

Das Museum zeigt in einer Dauerschau Werke des Worpsweder Künstlerpaars Fritz und Hermine Overbeck sowie wechselnde Sonderausstellungen.

Dienstag bis Sonntag, 11.00 bis 18.00 Uhr

Alte Hafenstraße 30 | 28757 Bremen | www.overbeck-museum.de

Weserburg – Museum für moderne Kunst

Internationale Gegenwartskunst aus bedeutenden Privatsammlungen, europaweit größter Bestand an Künstlerpublikationen. Sonderausstellungen, Veranstaltungen.

Dienstag bis Sonntag, 11.00 bis 18.00 Uhr | Donnerstag, 11.00 bis 20.00 Uhr

Führungen: Donnerstag, 18.00 Uhr | Sonntag, 15.00 Uhr

Teerhof 20 | 28199 Bremen | www.weserburg.de

Wilhelm Wagenfeld Haus

Das Wilhelm Wagenfeld Haus zeigt wechselnde Aspekte der Alltagskultur und aktuelle Design-Trends.

Dienstag, 15.00 bis 21.00 Uhr | Mittwoch bis Sonntag, 10.00 bis 18.00 Uhr

Am Wall 209 | 28195 Bremen | www.wilhelm-wagenfeld-stiftung.de

GESCHICHTE

Bleikeller Bremen

Im Gewölbe unter dem Bremer Dom können Sie Mumien und deren Geschichten aus den vergangenen Jahrhunderten entdecken.

April bis Oktober: Mittwoch bis Freitag, 10.00 bis 16.45 Uhr

Samstag, 10.00 bis 13.45 Uhr | Sonntag, 12.00 bis 16.45 Uhr

Juni bis September: außer Samstag, bis 17.45 Uhr

Juli und August: Montag bis Freitag, 10.00 bis 17.45 Uhr

Samstag, 10.00 bis 13.45 Uhr | Sonntag, 12.00 bis 17.45 Uhr

Sandstraße 10–12 | 28195 Bremen | www.stpetridom.de

Dom-Museum

Das Dom-Museum im St. Petri Dom zeigt in sechs historischen Räumen Grabungsfunde aus mittelalterlichen Bischofsgräbern und kirchliche Kunstwerke u. a. von L. Cranach.

Montag bis Freitag, 10.00 bis 16.45 Uhr

Samstag, 10.00 bis 13.30 Uhr | Sonntag, 14.00 bis 16.45 Uhr

letzter Einlass 30 Min. vor Schließung, abweichende Zeiten bei Amtshandlungen, regelmäßige Führungen

St. Petri Domgemeinde, Sandstraße 10–12 | 28195 Bremen | www.stpetridom.de

Focke-Museum

Gehen Sie auf eine Zeitreise durch 1200 Jahre Bremer Geschichte. Ein Park umgibt die vier historischen Häuser, das Haupthaus und das Schaumagazin.

Dienstag, 10.00 bis 21.00 Uhr | Mittwoch bis Sonntag, 10.00 bis 17.00 Uhr

Schwachhauser Heerstraße 240 | 28213 Bremen | www.focke-museum.de

Museum Schloss Schönebeck

Der Heimat- und Museumsverein für Vegesack und Umgebung zeigt im einzigen erhaltenen, ehemaligen Adelssitz in Bremen seine umfangreichen Sammlungen.

Dienstag, Mittwoch, Samstag, 15.00 bis 17.00 Uhr

Sonntag, 10.30 bis 17.00 Uhr

Im Dorfe 3–5 | 28757 Bremen | www.museum-schloss-schoenebeck.de

Altes Pumpwerk

Ein Baudenkmal, in dem die Geschichte der Abwasserentsorgung lebendig wird. Eine Ausstellung von Seuchen und Schiete, von Hygiene und Technik.

1. Montag im Monat, 16.00 bis 19.00 Uhr

Salzburger Straße 12 | 28219 Bremen | www.altespumpwerk.de

Antikenmuseum im Schnoor

Meisterwerke griechischer Vasen. Die Vielfalt der Bildthemen dieser bemalten Tongefäße bietet einen Einblick in die Kultur der Griechen.

Samstag, 12.00 bis 17.00 Uhr

Marterburg 55–58 | 28195 Bremen | www.antikenmuseum.de

Bremer Rundfunkmuseum

Aus 80 Jahren Rundfunk- und Fernsehgeschichte zeigt das Museum Exponate. Vom Detektor zum Raumklangwunder, von der Wachswalze zur Laserdisc.

Dienstag bis Donnerstag und Sonntag, 10.00 bis 15.00 Uhr

Findorffstraße 22–24 | 28215 Bremen

www.bremer-rundfunkmuseum.de

Hafenmuseum Speicher XI

Vom Überseehafen zur Überseestadt – 120 Jahre Bremer Hafengeschichte zum Anfassen im historischen Baumwollspeicher.

Dienstag bis Sonntag, 11.00 bis 18.00 Uhr

Am Speicher XI 1 | 28217 Bremen

www.hafenmuseum-speicherelf.de

KulturAmbulanz Krankenhaus-Museum

Das Museum in denkmalgeschütztem Parkambiente beherbergt Dauer- und Wechselausstellungen zur Psychiatrie- und Medizingeschichte.

Mittwoch bis Sonntag, 11.00 bis 18.00 Uhr

Züricher Straße 40 | 28325 Bremen

www.kulturambulanz.de

Schulmuseum Bremen

Ausstellung zur Bremer Schulgeschichte seit 1900. Mitmachprogramme für Gruppen: Leben und Lernen um 1900; Kindheit im Nationalsozialismus.

Montag, Dienstag und Freitag, 9.00 bis 14.00 Uhr
Mittwoch und Donnerstag, 9.00 bis 16.00 Uhr, sowie nach Vereinbarung
Auf der Hohwisch 61–63 | 28207 Bremen
www.schulmuseum-bremen.de

Tischlerei-Museum

Das Museum vereint eine Vielzahl historischer Hand- und Maschinenwerkzeuge und ein einzigartiges Ensemble von Holzbearbeitungsmaschinen aus der Zeit vor 1900.

Gruppenführungen auf Anfrage
Köpkenstraße 18–20 | 28203 Bremen | www.tischlerei-museum-bremen.de

Wuseum

Das Wuseum im Weser-Stadion ist ein Anziehungspunkt für Fußballfans und Bremenbesucher. Begeben Sie sich auf eine grün-weiße Zeitreise.

Montag bis Sonntag, 12.00 bis 17.45 Uhr
An Heimspieltagen öffnet das Wuseum für drei Stunden bis eine Stunde vor Spielbeginn.
Franz-Böhmert-Straße 1c | 28205 Bremen | www.weserstadion.de

Köksch un Qualm

Das kleine Museum zur Hauswirtschaft um 1900 ist in einer ehemaligen Zigarrenfabrik beheimatet. Ein Kabinett erinnert an die frühere Nutzung des Hauses.

Donnerstag, 14.00 bis 18.00 Uhr
Stader Landstraße 44–46 | 28719 Bremen | www.koeksch-un-qualm.de

Denkort Bunker Valentin

Der U-Boot-Bunker Valentin war eines der größten Rüstungsprojekte des nationalsozialistischen Deutschlands. Die Ruine in der Nähe von Bremen-Farge ist nun ein Denkort.

Dienstag bis Freitag, Sonntag, 10.00 bis 16.00 Uhr
Rekumer Siel | 28777 Bremen | www.denkort-bunker-valentin.de

Kein Museum – aber sehenswert: die Baumwollbörse

Das Veranstaltungshaus Die Glocke mit dem Innenhof und dem Restaurant Bleikeller

THEATER IN BREMEN

Theater Bremen

Das Theater Bremen bietet mit Musiktheater, Schauspiel, Tanz und dem Jungen Theater eine große Bandbreite. Pro Jahr finden über 30 Premieren statt.

Goetheplatz 1–3 | 28203 Bremen
Karten Montag bis Freitag, 11.00 bis 18.00 Uhr
Samstag, 11.00 bis 14.00 Uhr
www.theaterbremen.de

bremer shakespeare company

Shakespeares Dramen und eigene Autorenstücke: Publikumsnah und stets ein wenig überraschend präsentiert die bsc die Theaterklassiker immer wieder neu.

Schulstraße 26 | 28199 Bremen
www.shakespeare-company.com

Improtheater Bremen

Heldenabenteuer, ergreifende Geschichten oder Improcomedy mit Witz und Niveau, hier ist alles möglich. Immer frisch, immer spontan, immer einzigartig

Freitag, 20.00 Uhr
Birkenstraße 1 | 28195 Bremen
www.improtheater-bremen.de

Literaturkeller

Heine, Hoffmann, Busch, Poe, Tucholsky, Schiller, Goethe, Ringelnatz, Puschkin u. v. a. im unvergesslichen Ambiente eines 140 Jahre alten Weinkellers

Schildstraße 21 | 28203 Bremen
www.literaturkeller-bremen.de

Mensch, Puppe

Mensch, Puppe verbindet die vielfältigen Formen des Figurentheaters mit denen des Schauspiels und zeigt Märchen und Dramatik für Groß und Klein.

Schildstraße 21 | 28203 Bremen
www.menschpuppe.de

Schnürschuh Theater

Die kleine Bühne und der dichte Kontakt zum Publikum haben die Schnürschuh-Inszenierungen geprägt und geben ihnen eine unverwechselbare Ästhetik.

Buntentorsteinweg 145 | 28201 Bremen
www.schnuerschuh-theater.de

Schwankhalle – Raum für Ideen

Die Schwankhalle, Zentrum für performing arts. Theater, Performance, Tanz, Musik und vieles mehr

Buntentorsteinweg 112 | 28201 Bremen

www.schwankhalle.de

Speicherbühne

Sinnliches Theater für denkfreudige Menschen in der Bremer Überseestadt

Am Speicher XI 4.1 | 28217 Bremen

www.speicherbuehne.de

Theater 62 Bremen

Komödien, Schauspiel, Kinder-/Jugendtheater, Märchen, Puppen-/Kaspertheater, nationale und internationale Gastspiele, Schauspielschule, offene Kinder-/Jugendarbeit

Theater an der Lessingstraße 12 und Theatersaal St.-Jürgen-Straße 56 | 28203 Bremen
www.theater62bremen.de

Foto: Burgretchen/flickr.com

Theater Phönix Bremen

Amateurtheater mit Anspruch – Motto: gute Unterhaltung

Spielstätte: bremer kriminal theater
Theodorstr. 12 (Union Brauerei) | 28219 Bremen
www.theater-phoenix-bremen.de

Theaterschiff Bremen

An Bord des umgebauten Binnenschiffs werden Komödien, Revuen, Kabarett und mediterrane Küche geboten – ein unvergessliches Erlebnis.

Tiefer 104/Anleger 4 | 28195 Bremen
www.theaterschiff-bremen.de

ÖVB-Arena

Die ÖVB-Arena ist mit 14.000 Plätzen eine Multifunktionsveranstaltungshalle für Konzerte, Messen und Sportevents, unmittelbar neben dem Hauptbahnhof gelegen.

Bürgerweide | 28215 Bremen
www.oevb-arena.de

Die Glocke

Die Glocke ist seit über 75 Jahren das traditionsreiche Zentrum des Bremer Musiklebens und berühmt für exzellente Akustik und einzigartiges Ambiente.

Karten: Montag bis Freitag, 10.00 bis 18.00 Uhr
Samstag, 10.00 bis 15.00 Uhr
Domsheide 6–8 | 28195 Bremen
www.glocke.de

Das Theaterschiff liegt direkt an der Weserpromenade.

Energieleitzentrale (ELZ) BLG-Forum, Generatorenhalle

Veranstaltungszentrum mit Hafenflair und Industriecharme für Konzerte und Theater, Messen und Empfänge, Versammlungen, Produktpräsentationen und Partys

Am Speicher XI 11 | 28217 Bremen
www.eventlocation-energieleitzentrale.de

Halle 7

Die Halle 7 ist mit einer Kapazität von bis zu 7.000 Besuchern eine Multifunktionsveranstaltungshalle für Konzerte, Messen und Sportevents.

Bürgerweide | 28215 Bremen | www.halle-7.de

KITO

Das KITO ist ein Veranstaltungszentrum in Bremen-Vegesack. Der Veranstaltungsraum befindet sich im Dachgeschoss eines ca. 350 Jahre alten Packhauses.

Alte Hafenstraße 30 | 28757 Bremen
www.kitoinbremen.de

Sendesaal Bremen

Konzertsaal von 1952 im Original erhalten. Die legendäre Akustik des Sendesaals lässt jedes Konzert zu einem besonderen Erlebnis werden.

Bürgermeister-Spitta-Allee 45 | 28329 Bremen
www.sendesaal-bremen.de

St. Petri-Dom

Höhepunkte der Dommusik sind die Fest-Konzerte für Chor und Orchester mit Passionen, Oratorien, sinfonischen und kammermusikalischen Werken.

Donnerstag, 19.00 Uhr | Vokal-Solisten, Motetten, Orgelkonzerte (Eintritt frei)
Sandstraße 10–12 | 28195 Bremen
www.stpetridom.de

Musical Theater Bremen

Das Musical Theater bietet 1.450 Plätze auf drei Ebenen. Das großzügige Foyer, Henry's Bar und das Mayfair-Restaurant laden zum Verweilen ein.

Richtweg 7–13 | 28195 Bremen | www.mehr.de

FRITZ Bremen (Bühne & Bar)

Das FRITZ bietet Comedy, Theater, Musical, Revue und mehr in einem wunderschönen Gastronomie-Theater in Bahnhofsnähe. Zum Lachen geht es in den Keller.

Herdentorsteinweg 39 | 28195 Bremen
www.fritz-bremen.de

GOP Varieté-Theater Bremen

Spektakuläre Shows, abwechslungsreiche Gastronomie, stilvolles Ambiente und herzliche Gastgeber – damit begeistert das GOP Varieté-Theater.

Mittwoch und Donnerstag, 20.00 Uhr
Freitag und Samstag, 18.00 Uhr und 21.00 Uhr
Sonntag, 14.30 Uhr und 17.30 Uhr
Am Weser-Terminal 4 | 28217 Bremen
www.variete.de

HafenRevueTheater

Lassen Sie sich von großem Gesang berühren. Ein Ort für gute Unterhaltung, Gastspiele, Lesungen und Konzerte

Cuxhavener Straße 7 | 28217 Bremen
www.hafenrevuetheater.de

Kreuzgang im Innenhof der Glocke

Bremer
Kluten
Bremer
Kluten
2.95
1.60

GUT ESSEN & TRINKEN

Achim's Beck'shaus

Herzliche Bremer Biertradition gepaart mit internationaler Küche und lokalen Leckerbissen

Carl-Ronning-Straße 1 | 28195 Bremen
www.beckshaus.de

»Alexander von Humboldt« – das Schiff

Der Hotel- und Gastronomiebetrieb an Bord bietet ein einzigartiges maritimes Erlebnis im Herzen Bremens.

Montag bis Sonntag, ab 11.30 Uhr
Konsul-Smidt-Straße 10 | 28217 Bremen
www.alex-das-schiff.de

Alto

Exzellente Küche mit Blick auf die historische Böttcherstraße

Bredenstraße 2 | 28195 Bremen
www.restaurant-alto.de

Beck's in'n Snoor

Das gemütliche Restaurant in Bremens schnuckeliger Altstadt bietet eine umfangreiche Speisekarte und Getränke auf drei Etagen.

Schnoor 34–36 | 28195 Bremen
www.becks-im-schnoor.de

bio-biss im Alten Fundamt

Gutes Genießen: eigene Produkte, täglich wechselnder Mittagstisch

Auf der Kuhlen 1a | 28203 Bremen
www.bio-biss.de

Blauer Fasan

Erleben Sie lässige Baratmosphäre und genießen Sie hochwertige Drinks und kreative Cocktails.

Langenstraße 81 | 28195 Bremen
www.blauerfasan.de

Bodega del Puerto

Typische Tapas-Bar mit südspanischer Atmosphäre. Spanische und nationale Gerichte

Schlachte 31 | 28195 Bremen
www.bodega-bremen.de

Bolero Schlachte

Leckere mexikanische Spezialitäten, Pasta-Gerichte, Salate und Steaks an der Weserpromenade

Langenstraße 68 | 28195 Bremen
www.bolerobar.de

Urige Geschäfte, gemütliche Kneipen und Restaurants bietet das Schnoorviertel.

Bremer Ratskeller Restaurant

600 Jahre Tradition: Der Bremer Ratskeller verwöhnt an rustikalen Holztischen mit norddeutschen Klassikern.

Am Markt | 28195 Bremen
www.ratskeller-bremen.de

Canova

Starten Sie mit einem entspannten Frühstück in den Tag, genießen Sie ein schnelles Mittagessen, den Snack zwischendurch oder ein begeisterndes Gourmetmenü.

Am Wall 207 | 28195 Bremen
www.canova-bremen.de

Concordenhaus

Hanseatische Gemütlichkeit im Schnoor

Hinter der Holzpforte 2 | 28195 Bremen
www.concordenhaus.de

Chilli Club

Stylisches Ambiente, eine spektakuläre Terrasse und direkt an der Weser gelegen, bietet der Chilli Club moderne, gesunde Küche.

Am Weser Terminal 8 | 28217 Bremen
www.chilliclub.de

Comturei

Deutsch-französische Küche, mittelalterliches Kreuzgewölbe, Räuberessen, großer Raubritterspieß

Ostertorstraße 30–32 | 28195 Bremen
www.comturei.jimdo.com

Der Kuhhirte
Direkt auf dem Stadtwerder, mitten im Grünen, bietet Der Kuhhirte Hausmannskost und norddeutsche Küche.
Kuhhirtenweg 7–11 | 28201 Bremen
www.derkuhhirte.de

feldmann's Bierhaus
Bierhausgastronomie, Bremens leckere Hausmannskost
Schlachte 19 | 28195 Bremen
www.feldmanns-bierhaus.de

Fischrestaurant Knurrhahn
Mitten in der Altstadt bietet Bremens ältestes Fischrestaurant alles vom Fischbrötchen bis zu traditionellen norddeutschen Fischspezialitäten.
Schüsselkorb 32–33 | 28195 Bremen
www.fischrestaurant-knurrhahn.de

Fisherman's Seafood
Fisherman's ist das neue Fischrestaurant in Bremen und damit der Treffpunkt für Fischliebhaber.
Am Wall 201 | 28195 Bremen
www.fishermans-bremen.de

Friesenhof
Maritimes Ambiente im Herzen der Stadt. Norddeutsche Gastlichkeit mit einer modernen deutschen Küche
Hinter dem Schütting 12–13 | 28195 Bremen
www.friesenhof-bremen.de

Henry's Bar und Mayfair Restaurant
Schicke Cocktailbar und schönes Restaurant mit Blick auf das große Foyer des Musical Theaters
Richtweg 5–7 | 28195 Bremen
www.henrysbar.de

Hofbräuhaus Bremen
Gemütlicher Biergarten und historischer Innenhof
Ostertorstraße 11 | Bremen
www.bremen-hofbraeuhaus.de

Intermezzo – Café & Bistro
Frische italienische und Bremer Küche
Domsheide 3 | 28195 Bremen
www.intermezzo-bremen.de

Jürgenshof
Genießen Sie den Blick über die Marschlandschaft bei traditioneller Küche.
Pauliner Marsch 1 | 28205 Bremen
www.juergenshof.com

Kangaroo Island
Australien mitten in Bremen
Schlachte 30a | 28195 Bremen

Kleiner Ratskeller
Urige Umgebung
Hinter dem Schütting 11 | 28195 Bremen
www.kleiner-ratskeller.com

Konditorei Café im Schnoor
Ein kleiner Geheimtipp in Bremens ältestem Viertel
Marterburg 32 | 28195 Bremen
www.schnoorkonditorei.de

Luv
Stylische Lounge-Atmosphäre, leckeres Essen
Schlachte 15–18 | 28195 Bremen
www.restaurant-luv.de

Meierei im Bürgerpark
Exklusive Leckereien in Art-deco-Atmosphäre

Im Bürgerpark 1 | 28209 Bremen
www.meierei-bremen.de

Pannekoekschip »Admiral Nelson«
Direkt an der Schlachte, idyllisch gelegen, ankert der Dreimaster »Admiral Nelson«.

Schlachte Anleger 1 | 28195 Bremen
www.admiral-nelson.de

Paulaner's
Bayerisches Wirtshaus mit bayerischen und norddeutschen Schmankerln

Schlachte 30 | 28195 Bremen
www.paulaners.de

Pochana Thai
Die königliche Küche Siams

Langenstraße 14 | 28195 Bremen
www.pochana-thai.de

Port im Speicher XI
Frische Küche in einem alten Speicher

Am Speicher XI 1 | 28217 Bremen
www.port-speicherxi.de

Restaurant Hansen
Junge, frische Küche an der Promenade
Konsul-Smidt-Straße 8M | 28217 Bremen
www.hansen-restaurant.de

Riva
Mediterrane Küche direkt an der Weser
Konsul-Smidt-Straße 88 | 28217 Bremen
www.riva-restaurant.de

Rauchs CaféBar
Kleines, gemütliches, inhabergeführtes-Frühstückscafé
Langenstraße 74 | 28195 Bremen
www.rauchscafe.de

Scharfrichter
Niemand is(s)t schärfer ... Hier gibt es die schärfsten Soßen der Stadt.
Martinistraße 70 | 28195 Bremen
www.scharfrichter-lounge.de

Schüttinger Gasthausbrauerei
Die rustikale Gasthausbrauerei im Herzen der Stadt
Hinter dem Schütting 12/13
28195 Bremen
www.schuettinger.de

Ständige Vertretung
Genießen Sie rheinische und bremische Spezialitäten im Kultlokal.
Böttcherstraße 3–5 | 28195 Bremen

Theaterschiff Bremen
Mediterrane Küche mit Weserblick
Tiefer Anleger 4 | 28195 Bremen
www.theaterschiff-bremen.de

Teestübchen im Schnoor, Restaurant und Café
Ein Haus mit biologisch orientierter, gesunder Küche
Wüste Stätte 1 | 28195 Bremen
www.teestübchen-schnoor.de

Theatro – Café, tapas y más
Restaurant, Bar & Café an der Kulturmeile
Goetheplatz 1–3 | 28195 Bremen
www.theatro.de

Vai Vai
Ein absolut gelungenes Design mit charmanter Wohlfühlatmosphäre
Am Weser Terminal 10 | 28217 Bremen
www.vaivai.de

Wohnküche
Moderne deutsche Bio-Küche
Hinter der Mauer 5 | 28195 Bremen
www.wohnkueche-bremen.de

AKTIV & FREIZEIT

ZU LANDE, ZU WASSER UND IN DER »LUFT«

Bike it!

Erkunden Sie Bremens grüne Oasen mit dem Fahrrad. Gern ist die Tourismuszentrale mit Tourenvorschlägen und Fahrradverleih behilflich.

www.bremen-tourismus.de/radtourismus

ADFC Radstation Bremen

Fahrradvermietung, Fahrradabstellplätze, Reparaturen, Karten und Radwanderführer sowie Tipps rund ums Radfahren

Bahnhofsplatz 14 | 28195 Bremen

www.adfc-bremen.de

BB-Kartbahn

Auf der BB-Kartbahn, mit einer Streckenführung von 600 Metern über zwei Etagen, können sich die kleinen und großen Hobbyrennfahrer austoben.

Cuxhavener Straße 31 | 28217 Bremen

www.bb-kart.de

Sportboot- und Segelschule

Theoretische und praktische Ausbildung für die Standardführerscheine für See-, Binnen-, Küsten- bzw. Hochseeschifferscheine oder Funkzeugnisse

Verdener Str. 16 | 28205 Bremen

www.segelschule-bremen.de

JuniorMotorPark

Verkehrsübungsplatz für Kinder ab 6 Jahren, offroad ab 7 Jahre, Formel 1 ab 9 Jahre, Minigolf, Partyhalle, Kiosk, Café Boxenstopp, Sonnenterrassen

Mai bis September: Samstag, Sonntag und feiertags, 14.00 bis 19.00 Uhr (in den Sommerferien täglich von 14.00 bis 19.00 Uhr)

März, April und Oktober: Samstag, Sonntag und feiertags, 14.00 bis 17.00 Uhr (in den Ferien täglich von 14.00 bis 17.00 Uhr).

Senator-Apelt-Straße/Warturmer Heerstraße

28197 Bremen | www.juniormotorpark.de

Beim Drachenbootrennen gehen jedes Jahr zahlreiche Teams an den Start. Nicht allein die Ruderleistung zählt – das beste Kostüm wird ebenso prämiert.

Lufthansa Flugsimulator

In der Verkehrsfliegerschule heben Sie im Simulatorcockpit ab. Sie nehmen Kurs auf verschiedene Flughäfen und landen sicher.

Termin nach Absprache, samstags
Dauer: ab 30 Minuten
Terminal 1, 2, 3
Flughafenallee 29 | 28199 Bremen
www.flugsimulator.com/flugsimulator

BÄDER UND WELLNESS (Auswahl)

Bremer Bäder GmbH

Die Bremer Bäder GmbH betreibt 13 Hallen- und Freibäder sowie die Eissporthalle Paradice. Gäste können schwimmen, Massagen genießen, Saunen nutzen und Kurse besuchen.

www.bremer-baeder.de

Südbad

Neustadtswall 81 | 28199 Bremen
Montag bis Freitag, 8.00 bis 22.00 Uhr
Samstag und Sonntag, 8.00 bis 21.00 Uhr

Freizeitbad Vegesack

Montag, 15.00 bis 20 Uhr | Dienstag, 8.00 bis 21.00 Uhr | Mittwoch, 8.00 bis 22.00 Uhr
Donnerstag und Freitag, 8.00 bis 20.00 Uhr
Samstag und Sonntag, 9.00 bis 18.00 Uhr
Fährgrund 16–18 | 28755 Bremen

Stadionbad

Montag bis Freitag, 6.30 bis 10.00 Uhr und 15.00 bis 20.00 Uhr

Samstag, 13.00 bis 18.00 Uhr
Sonntag und feiertags, 10.00 bis 18.00 Uhr
Franz-Böhmert-Straße 13 | 28205 Bremen

Eissporthalle Paradice (nur im Winter)
Waller Heerstraße 293a | 28219 Bremen
www.eissporthalle-paradice.de

Badehaus

Das Badehaus ist ein Spa mit Sauna und Hamam im Herzen Bremens, in dem Sie sich mit Massagen und Wellnessbehandlungen aus der ganzen Welt verwöhnen lassen können.

Frauentag: Montag und Mittwoch, 10.00 bis 22.30 Uhr
Gemischt: Dienstag, Donnerstag und Freitag 10.00 bis 22.30 Uhr | Samstag bis Sonntag, 12.00 bis 19.30 Uhr
Bahnhofstraße 12 | 28195 Bremen
www.badehaus-bremen.de

WellX Relax Lounge

Obernstraße 20 | 28195 Bremen

Entspannen in der City: Massagen für Rücken, Schulter und Nacken oder den ganzen Körper; Fuß- oder Hot-Stone-Massage, Gesichtsanwendungen ab 15 Minuten

Montag bis Freitag, 13.00 bis 19.00 Uhr
www.wellx.de

Oase

Die Wellnesswelt der Oase bietet eine grandiose Vielfalt: klassisch oder ganz exklusiv. Hier vereinen sich Badekulturen von Welt mit Massagen und Beautyanwendungen.

Montag bis Donnerstag, 10.00 bis 22.30 Uhr
Freitag und Samstag, 10.00 bis 23.00 Uhr
Sonntag, 10.00 bis 20.00 Uhr
Hans-Bredow-Straße 17 | 28307 Bremen
www.oase-weserpark.de

GOLF UND MINIGOLF

Disc Golf Station

Golf mit Frisbees auf bis zu 18 Bahnen und an 365 Tagen im Jahr. Direkt an der Weser auf Höhe Überseestadt und jetzt neu beim Fallturm der Uni Bremen

Rablinghauser Deich 25 | 28197 Bremen
www.disc-golf-station.de

GolfRange

Besuchen Sie Bremens einzigen 9-Loch-Golfplatz mit professioneller Golfschule, inmitten der traditionsreichen Galopprennbahn in der Vahr.

Ludwig-Roselius-Allee 2 | 28329 Bremen
www.bremen.golfrange.de

Minigolf im Bürgerpark

Im Bürgerpark am Emmasee befindet sich die schöne Minigolfanlage, die von April bis Oktober bei gutem Wetter geöffnet ist.

Im Bürgerpark am Emmasee / 28209 Bremen
www.minigolf-buergerpark.de

SchwarzLichtHof-Indoor-Minigolf

Spielen Sie sich durch einen 18-Loch-Parcours im Hafenambiente der 30er- bis 50er-Jahre und folgen Sie den Arbeitern auf ihren Spuren in der alten Stauerei.

WESER

Dienstag bis Donnerstag, 14.00 bis 22.00 Uhr
Freitag, 14.00 bis 24.00 Uhr
Samstag, 10.00 bis 24.00 Uhr
Sonntag und feiertags, 10.00 bis 22.00 Uhr
Cuxhavener Straße 7 | 28217 Bremen
www.schwarzlichthof.de

PARKS UND FRIEDHÖFE

Bürgerpark und Stadtwald

Einer der besterhaltenen Landschaftsparks Deutschlands. Zusammen mit dem angrenzenden Stadtwald umfasst er eine Fläche von 202 Hektar.
Bürgerpark/Schweizerhaus | 28209 Bremen
www.buergerpark.de

Knoops Park

Einer der schönsten Bremer Parks mit vielen ausländischen Gehölzen, freien Wiesen, ausgedehnten Wegen, ausgeprägter Geländemodellierung und Blindengarten.
Admiral-Brommy-Weg | 28217 Bremen
www.foerderverein-knoops-park.de
(s. Seite 64, 128)

Rhododendronpark

Der 46 Hektar große Park beherbergt ca. 550 Rhododendron-Arten und 2.500 Sorten sowie die »grüne Schatzkammer Bremens«, den Botanischen Garten.
7.00 Uhr bis Sonnenuntergang
Deliusweg 40 | 28359 Bremen
www.rhododendronpark-bremen.de
(s. Seite 64)

Stadtgarten Vegesack

Am Steilufer in Vegesack sind viele fremdländische Bäume und botanische Raritäten zu finden. Ein Refugium mit Bäumen, Staudengarten und Rosenhang.
Vegesacker Weserpromenade | 28757 Bremen
www.martimemeile-bremen.de

Stadtwerder und Werdersee

Mitten in der Stadt liegt dieses Naherholungsgebiet mit Radwegen und Badestränden. Zahlreiche Bootsvereine bieten viele Wassersportmöglichkeiten.
Weserinsel (zw. Viertel und Neustadt)
www.bremen-tourismus.de

Wallanlagen

Der grüne Gürtel der City, entstanden nach der Entfestigung der Wälle/Verteidigungsgräben, lädt zum Flanieren und Entspannen ein.
Altstadt (zwischen Ostertor- und Stephaniviertel)
www.bremen-tourismus.de

Wätjens Park

Wätjens Park ist ein kulturhistorisches Denkmal, das heute noch Auskunft geben kann über die Gartenkunst des 19. Jahrhunderts.
Landrat-Christians-Straße 6 | 28779 Bremen
www.waetjens-park.de

Friedhof Osterholz

Eröffnet 1920, ist er der größte Friedhof Bremens. Die besondere Gestaltung der erhöhten Grabfelder und zahlreiche Alleen vermitteln den Eindruck einer großen Parkanlage.

Osterholzer Heerstraße 32–34 | 28217 Bremen
www.umweltbetrieb-bremen.de

Friedhof Riensberg

Hier ruhen einige bedeutende Bremer Persönlichkeiten. Ausgedehnte Wasserzüge und ein hochwertiger Baumbestand bilden einen würdigen Rahmen für die Grabstätten.

Friedhofstraße 51 | 28213 Bremen
www.umweltbetrieb-bremen.de

Über dem Eingang zur Böttcherstraße: der Lichtbringer von Bernhard Hoetger

STADTVIERTEL

Marktplatz

Der Marktplatz ist die »Gute Stube« Bremens. Ein Platz, der trotz – oder wegen – der 1.200-jährigen Geschichte besonders lebendig ist. Hier stehen das Rathaus und der Roland, die zusammen zum UNESCO-Welterbe gehören. Der St.-Petri-Dom, die Bürgerschaft, die Giebelhäuser und der Schütting komplettieren das Ensemble.

www.bremen-tourismus.de

Foto: Andrew Shivakumar

Weserpromenade Schlachte

Direkt an der Weser in der Innenstadt findet sich ein vielfältiges Gastronomieangebot mit zahlreichen Möglichkeiten zum Schlemmen und Genießen. Feste und Schiffstouren begeistern Alt und Jung. Im Sommer locken die Biergärten mit Blick auf das Wasser. In der Adventszeit zum alljährlichen Schlachtezauber erstrahlt die Weserpromenade in blauem Licht und lädt in den Holzhütten zum geselligen Beisammensein ein.

www.schlachte.de

(s. Seite 14, 21, 41 f, 58, 131)

Spielbank Bremen

Rechts der Weser erwarten Sie eine schicke Casino-Bar und Spielvergnügen bei American Roulette, Black Jack, Poker und an den Slot Machines.

Automatencasino: täglich 12.00 bis 3.00 Uhr
Klassisches Spiel: täglich 15.00 bis 3.00 Uhr
Schlachte 26 | 28195 Bremen
www.westspiel.de

Schnoor

Wie Perlen auf einer Schnur sind die kleinen, schmalen Fachwerkhäuser aus dem 15. und 16. Jahrhundert in Bremens ältestem Viertel dicht aneinander gereiht. Kleine Geschäfte, Goldschmieden, Kunsthandwerk sowie Cafés und Restaurants laden zum Schlemmen und Schlendern ein. Alle Geschäfte haben auch sonntags geöffnet.
(s. Seite 7, 37, 50, 53, 73, 84 f, 87, 101 f)
www.bremen-schnoor.de

Bremer Viertel

Das Viertel liegt nur wenige Gehminuten von der City entfernt und ist der bunte Szene- und Kulturtreffpunkt Bremens. Neben Kitsch, Kunst, Theatern und Museen bietet das beliebte Quartier internationales Flair und ein individuelles, abwechslungsreiches Nachtleben. In den zahlreichen Bars, Restaurants und Kneipen kann, ganz ohne Sperrstunde, die Nacht zum Tag gemacht werden.
www.dasviertel.de

Maritime Meile

In Vegesack entdecken Sie Bremens maritime Seiten. Genau eine Seemeile – 1852 Meter – bietet zahlreiche Erlebnisse: das »Schulschiff Deutschland« und andere historische Schiffe im Museumshafen, alte Kapitänshäuser, die interaktive Ausstellung »Spicarium« und botanische Raritäten im Stadtgarten. Darüber hinaus gibt es attraktive Einkaufsmöglichkeiten, Kunst, Konzerte, Hotels und Restaurants drumherum.
www.maritimemeile-bremen.de

Überseestadt Bremen

Im ehemaligen Hafenrevier entsteht ein modernes, lebendiges Quartier mit einer interessanten gastronomischen Vielfalt.

Attraktive Freizeitangebote, wechselnde Veranstaltungen, moderne Architektur und das Flair alter Speicher verbinden die maritime Vergangenheit mit einer zukunftsweisenden Gegenwart – ein Hafen im Wandel.
(s. Seite 17, 52 f, 57 ff,73, 78, 101)
www.ueberseestadt-bremen.de

Blockland

Bauernhöfe in Bremen? Im Blockland findet man sie. Ob zu Fuß, per Rad, auf Inline-Skates oder auch mit dem Kajak – entlang der Deiche locken ein Naturparadies und erholsame Ruhe. Kehren Sie ein in gemütliche Gasthöfe und familiäre Hofläden. Ein Ausflug ins Grüne ist perfekt für Familien und Aktivurlauber.
www.blockland.de

MITMACHEN

Spiel Coolisse

Die Spiel Coolisse begeistert Familien und Kinder mit Attraktionen und tollen Spieleinrichtungen, stets wetterunabhängig und angenehm klimatisiert.
Montag bis Samstag, 10.00 bis 20.00 Uhr
Sonntag, 10.00 bis 19.00 Uhr
Hans-Bredow-Straße 9 | 28307 Bremen
www.spielcoolisse.de

Haus der Wissenschaft

Besuchen Sie im Haus der Wissenschaft Ausstellungen, Vorträge und Diskussionen zu aktuellen Themen aus Wissenschaft und Forschung.
Montag bis Freitag, 10.00 bis 19.00 Uhr
Samstag, 10.00 bis 14.00 Uhr
Sandstraße 4–5 | 28195 Bremen
www.hausderwissenschaft.de

Hafenrummel

Bremens Freizeitattraktion in historischem Hafenambiente in der Überseestadt. Folgen Sie den Stauern auf ihren Spuren im Keller der alten Staplerhalle am Speicher XI.
Mittwoch und Donnerstag, 14.00 bis 20 Uhr
Freitag, 14.00 bis 24.00 Uhr
Samstag, 10.00 bis 24.00 Uhr
Sonntag und feiertags, 10.00 bis 20.00 Uhr
Am Speicher XI 11 | 28217 Bremen
www.hafenrummel.de

ESSEN UND TRINKEN

Genuss-Event

Organisation von Kochkursen für Privat und Firmen (z. B. Teambuilding), Tagungen, Präsentationen etc. in 370-qm-Loft im Speicher 1, in der Überseestadt
Konsul-Smidt-Straße 8b | 28217 Bremen
www.genuss-event.de

Freie Brau Union Bremen

Besuchen Sie die Bremer Handwerksbrauerei mit Sudhaus, Abfüllung, Braugasthaus und überdachtem Biergarten in einem historischen Backsteingebäude.
April bis November, Donnerstag, 18.00 Uhr
Freitag, 17.00 Uhr
Theodorstraße 12 | 28219 Bremen
www.brauerei-bremen.de

Der Schweinehirt und seine Herde am Ende der Sögestraße

SHOPPING IN BREMEN

GROSSE AUSWAHL

Bremen ist auch die Stadt des gepflegten Einkaufs. Schlendern, schauen und shoppen – die Innenstadt und die großen Einkaufszentren bieten Ihnen alles auf angenehmste Art und Weise. Erst in eine der schönen Ausstellungen, dann behaglich Mittagessen und schließlich den Rest des Tages ausgiebig einkaufen. Die Innenstadt der kurzen Wege macht es möglich. Ganz »in« sind die vielen überdachten Einkaufsstraßen (Lloyd-Passage, Lloydhof, Domshof-Passage, das neue Kontorhaus oder das Katharinenviertel). Hier lässt es sich auch bei schlechtem Wetter aushalten.

ENTDECKUNGSTOUR

In Bremens Schnoor, dem ältesten Viertel der Stadt, können Sie von April bis Ende Dezember auch sonntags einkaufen und die kleinen Läden und Boutiquen in malerischen und historischen Gassen erleben. Oder Sie besuchen das Viertel – einkaufen in der Szene mit ausgefallenen und pfiffigen Läden. Dazu eine einzigartige Kneipen- und Restaurantwelt, die ihresgleichen sucht.

VON KLEIN BIS GIGANTISCH

Neu ist das Quartier Überseestadt mit vielen individuellen Geschäften und Shops. Dort befindet sich auch das Mekka der Einkaufshungrigen: Waterfront – ein Shopping- und Freizeittempel mit allen gängigen Modemarken, attraktiver Gastronomie vor einer tollen Kulisse direkt an der Weser.

Direkt vor den Toren der Stadt liegt der Ochtum-Park, ein Paradies für Liebhaber der Outlet-Stores.

BREMEN-SHOP SCHNOORTREPPE

Bremer schenken bremisch – privat oder geschäftlich. Die Schnoortreppe bietet bremische Aufmerksamkeiten für jeden Anlass.

Balgebrückstraße 20 | 28195 Bremen
www.bremen-schnoor.de

KONTORHAUS AM MARKT

Shopping mit Stil, Genuss mit Niveau. Kulinarisches, Fashion, Hair & Beauty, Wohnen, Schmuck, Tourist-Information.

Langenstraße 2–4 | 28195 Bremen
www.kontorhaus-bremen.de

PASSAGEN

Die Katharinen- und die Domshof-Passage bilden eine 150 Meter lange glasüberdachte Passage von der Sögestraße bis zum Wochenmarkt auf dem Domshof. Die Lloyd-Passage ist eine weitere Einkaufsmeile mit tollen Geschäften, gemütlichen Kneipen und Restaurants.

www.domshof-passage.de
www.katharinenpassage.de

KARSTADT WARENHAUS

Mehr als 32.000 qm Verkaufsfläche mit einer außergewöhnlichen Angebotsvielfalt im Karstadt Warenhaus. Karstadt sports: Auf sechs Verkaufsetagen in der Sögestraße präsentiert Ihnen Karstadt sports die größte Auswahl an Sportartikeln in Bremen.

Obernstraße 5–33 | 28195 Bremen
www.karstadt.de

BESONDERS ZENTRAL.

DOMSHOF PASSAGE

DAS BESONDERE FINDEN

BUTLERS ▪ CONFISERIE DOMSHOF ▪ DEUTSCHE BANK ▪ DIE PLATINSCHMIEDE
GÖRTZ ▪ GRAF COX ▪ HALLHUBER ▪ I•O – CASA DEL CAFFÈ ▪ LACOSTE
M. NIEMEYER CIGARREN ▪ MAI-MAI ▪ PETER HORN TECHNIK UND DESIGN
TEE-HANDELS-KONTOR BREMEN ▪ TEICHERT'S ▪ TENTER'S BACKHAUS
VAN LAACK ▪ WOLFORD ▪ WWW.DOMSHOF-PASSAGE.DE

BRASILHAUS

TUR
BREMER BONBON MANUFAKT

GEGENDENTREND, ANTIQUITÄTEN- UND KUNSTGALERIE

Die kleine, aber feine Galerie im Bremer Viertel bietet Ihnen Objekte, Kunst, Bücher und Wunder der Natur in einer zauberhaften Atmosphäre. Gehen Sie auf Schatzsuche.

Vor dem Steintor 179 | 28203 Bremen
www.gegendentrend.eu

KOCH & BERGFELD BESTECKMANUFAKTUR

Seit 1829 fertigen die Bremer Silberschmiede bei Koch & Bergfeld ununterbrochen ihre handwerklichen Meisterstücke.

Kirchweg 200 | 28199 Bremen
www.koch-bergfeld.de

WILKENS WERKSVERKAUF

Am Traditionsstandort in Bremen-Hemelingen – direkt neben der Wilkens Silbermanufaktur – finden Sie ein ausgewähltes Sortiment hochwertiger Haushaltsmarken für Tisch und Küche.

Hemelinger Bahnhofstraße
(Ecke Godehardstraße) | 28309 Bremen
www.wilkens-werksverkauf.de

BREMER RATSKELLER WEINHANDEL

Der Weinhandel in der Innenstadt bietet Ihnen etwa 1.200 Sorten großer, deutscher Qualitätsweine. Da wird sicher ein gutes Tröpfchen für Sie dabei sein.

Schoppensteel 1 | 28195 Bremen
www.ratskeller.de

BREMER BONBON MANUFAKTUR

Im Handwerkerhof der historischen Böttcherstraße kocht in riesigen Kupferkesseln die Bonbonmasse zu edelsten Leckereien. Die Auslagen werden nicht nur von großen Kinderaugen bestaunt, auch den Eltern läuft das Wasser im Mund zusammen.

Böttcherstraße 8 | 28195 Bremen
www.bremer-bonbon-manufaktur.de

TEE-HANDELS-KONTOR BREMEN

Köstliche Teekompositionen aus aller Welt aus traditioneller Herstellung und alles, was zum Tee dazugehört: Die blau-weiße Marke gibt es dreimal in Bremen.

Kauf Dich Glücklich

Montag bis Freitag, 10.00 bis 19.00 Uhr
Samstag, 10.00 bis 18.00 Uhr
Böttcherstraße 9 | 28195 Bremen
www.m.tee-handelskontor-bremen.de

KAFFEERÖSTEREI AUGUST MÜNCHHAUSEN

Informieren Sie sich über Bremens Geschichte als Kaffeestadt, schauen Sie beim Rösten zu und verkosten Sie Kaffees aus aller Welt.
Montag bis Freitag, 10.00 bis 12.30 Uhr
Kaffeeverkauf
Geeren 24 | 28195 Bremen
www.muenchhausen-kaffee.de

BIRGITTA RUST PIEKFEINE BRÄNDE

Die gläsernen Brennerei befindet sich im neuen Eurohafen. In dem traditionellen Weinlager werden piekfeine Obstbrände und Obstgeiste von der Frucht bis zum Destillat unter den Augen der interessierten Besucher hergestellt. Auch werden Sensorikseminare sowie Degustationen und Führungen angeboten.
Hoerneckestraße 3 | 28217 Bremen
www.br-piekfeinebraende.de

FUN FACTORY STORE

Produkte rund um das Thema Erotik und Liebe finden sich im Viertel in einer ganz einzigartigen Atmosphäre. Kein Erotik-Shop wie jeder andere. Mittlerweile ist der Fun Factory Store Kult in der Stadt.
Ostertorsteinweg 12 | 28203 Bremen
www.funfactory.com

WATERFRONT BREMEN

Das Shopping- und Freizeit-Center direkt an der Weser: Shopping und Schlemmen. Kino und Events sorgen das ganze Jahr für frischen Wind.
Montag bis Samstag, 10.00 bis 20.00 Uhr
AG-Weser-Straße 3 | 28237Bremen
www.waterfront-bremen.de

WESERPARK

Bremens erste Shopping-Adresse direkt am Bremer Kreuz. Über 170 namhafte Geschäfte, Möbelhaus, Wellness, Kino und Bowling. 4.700 kostenlose Parkplätze.
Montag bis Samstag, 10.00 bis 20.00 Uhr
(real, 8.00 bis 22.00 Uhr)
Hans-Bredow-Straße 19 | 28307 Bremen
www.weserpark.de

OCHTUM PARK OUTLET CENTER

Der Park ist das größte Fabrikverkaufszentrum in Norddeutschland mit 43 Topmarken auf 22.000 Quadratmetern.
Bremer Straße 107 | 28816 Stuhr
www.ochtum-park.eu

RETTUNG AUF SEE VON BREMEN AUS

Von Bremen aus wird die Rettung bei Seenotfällen an der deutschen Nord- und Ostseeküste koordiniert. Auch wenn deutsche Schiffe in internationalem Gewässer »SOS« funken oder die Notfallboje an Bord einen Alarm zum Satelliten schickt, klingelt an der Werderstraße das Telefon in der Seenotzentrale. Von hier aus werden dann Kräfte vor Ort zum Notfall geschickt, hier laufen alle Drähte zusammen.

RUND UM DIE UHR IM EINSATZ

Auf 54 Stationen, zwischen Borkum im Nordwesten und dem Stettiner Haff im Osten, versehen 180 festangestellte und 800 freiwillige Rettungsmänner ihren Dienst – rund um die Uhr, 365 Tage im Jahr, um im Notfall rauszufahren und Menschen aus Seenot zu retten oder bei technischen Problemen Hilfe zu leisten. Seit der Gründung der Deutschen Gesellschaft zur Rettung Schiffbrüchiger (DGzRS) im Jahre 1860 haben die Rettungsmänner über 82.000 Menschen gerettet oder aus lebensbedrohlicher Gefahr befreit. Dies entspricht der Einwohnerzahl einer Stadt, so groß wie Wilhelmshaven.

Auf Stationen mit größeren Einheiten wachen bis zu acht Rettungsmänner 24 Stunden über das Seegebiet, um im Alarmfall schnell auslaufen zu können. Die kleineren Freiwilligenboote werden mit ehrenamtlichen Rettungsmännern besetzt, wenn sie zu Hilfe gerufen werden – ein ähnliches System wie bei der Freiwilligen Feuerwehr. Der größte Seenotkreuzer ist auf der Insel Helgoland stationiert.

Seit dem Bestehen der Gesellschaft wird der Ret-

INFO

Ansprechpartner für Besichtigungen:
Thorsten Neumann und Andrea Jahn
Tel. 0421-53707–665 oder -534
www.dgzrs.de

tungsdienst ausschließlich durch freiwillige Zuwendungen und Spenden finanziert. Die DGzRS kostet den Steuerzahler nicht einen Cent. Am bekanntesten sind die kleinen Spendenrettungsboote, die überall aufgestellt sind. Jährlich kommen so über 34 Millionen Euro zusammen, um diese wichtige Aufgabe zu finanzieren.

BREMER ZENTRALE

Die Zentrale in Bremen ist Hauptsitz der DGzRS. Hier sind neben der Seenotwache auch Verwaltung und eine kleine Werft untergebracht, um die Einheiten zu warten und zu reparieren.
Nach vorheriger Anmeldung ist es möglich, die Zentrale zu besichtigen. Dabei werden den Interessierten die Seenotleitung und die Werft gezeigt. Auch einen ehemaligen Kreuzer können sich die Besucher ansehen. Ein Film zeigt die Arbeit der Seenotretter fast hautnah. Am Ende wird darum gebeten, sich mit einer Spende erkenntlich zu zeigen. Die Führung ist kostenlos.

Die größte Einheit der DGzRS, der Kreuzer »Hermann Marwede«, von Helgoland

Blick in den Museumshafen

BREMERHAVEN – BEDEUTENDE HAFENSTADT AN DER WESER

Bremens Schwesterstadt liegt etwa 60 Kilometer Richtung Nordsee entfernt. In den vergangenen Jahren hat sich die Stadt von einer reinen Hafenstadt mit schmucklosen Kaianlagen und Industrieflächen zu einem Schmuckstück an der Weser entwickelt. Das Auswanderer- oder das Klimahaus ziehen genauso Besucher an wie das Deutsche Schifffahrtsmuseum oder die regelmäßig stattfindende Windjammerparade Sail.

BREMENS HAFEN

Bremerhaven ist entstanden, weil Hochseeschiffe den Hafen in Bremen nicht mehr anlaufen konnten. 1829 kaufte der damalige Bremer Bürgermeister Johann Smidt dem König von Hannover Land zwischen Geeste und Weser ab – die Geburtsstunde von Bremerhaven.

Heute ist Bremerhaven der größte Umschlaghafen für Autos und neben Hamburg Deutschlands größter Containerhafen. Die Megaliner mit bis zu 18.000 Containern machen an der fünf Kilometer langen Stromkaje fest. Konkurrenz droht nicht nur von der Elbe, auch Wilhelmshaven möchte mit dem Jade-Weser-Port ein Stück vom Kuchen abhaben und trumpft mit seinem Tiefwasserhafen für die ganz großen Schiffe.

BEDEUTUNG DES HAFENS

Der Hafen von Bremen hat heute nur noch eine untergeordnete Rolle. Zwar kommen noch einige Schiffe bis zur Hansestadt gefahren, doch die meisten Carrier machen in Bremerhaven fest. Lediglich Stückgut, Massengut, Getreide oder Öle kommen noch in Bremen an.

FÜR TOURISMUS SEHR INTERESSANT

Die direkte Lage an der Weser macht Bremerhaven auch für den Tourismus interessant. Die Nähe zum Wasser lockt die Menschen an den Deich. Die Havenwelten sind ein Spektrum an Sehenswertem und verbinden Tourismus mit einem neuen Lebensgefühl an der Weser. War es früher das Deutsche Schifffahrtsmuseum, das die Interessierten an den Fluss lockte, so fand in den vergangenen Jahren ein Umstrukturierungsprogramm für die bis dahin brach liegenden Industrieflächen statt. Hier entstanden schmucke Wohnhäuser mit Sportboothafen und den Einkaufszentren Mediterraneo und Columbus-Shopping-Center. Über allem ragt das Atlantic Hotel Sail City mit über 140 Metern Höhe. Es ist das höchste Gebäude der Stadt.
Auf 86 Metern Höhe befindet sich eine Aussichtsplattform mit einem unvergesslichen Panoramablick über die Seestadt, die Überseehäfen und den Fischereihafen. Bei guter Sicht sieht man bis zur Nordsee.

DAS AUSWANDERERHAUS

Neben Hamburg war Bremerhaven einst größter Auswandererhafen Europas. Von hier starteten Ende des 18. Jahrhunderts sieben Millionen Menschen ihre Reise in eine neue Welt – meist nach Amerika. Im Deutschen Auswandererhaus können Besucher auf den Spuren der Menschen wandeln, die damals Deutschland verließen.

Der Schlafsaal zeigt die Enge während der Überfahrt.

Das multimediale Museum zeigt anschaulich den Weg von Bremerhaven zur Einwandererstation Ellis Island und dem Grand-Central-Bahnhof von New York. Ein neuer Anbau widmet sich dem aktuellen Thema Migration und den Einwanderern nach Deutschland und Europa.
www.dah-bremerhaven.de

Nachbau einer Hansekogge

ENTWICKLUNG DES KLIMAS

Das Klimahaus 8° Ost entführt seine Besucher entlang des Breitengrads Bremerhavens durch die verschiedenen Wetterzonen unserer Erde. Gezeigt werden Wetterphänomene wie Sandstürme, Tropenwälder, Gletscher und ewiges Eis. Hautnah erleben die Besucher die klimatischen Bedingungen zwischen Kamerun und der Nordsee. Dabei werden die Elemente (Feuer, Wasser, Erde, Luft) ebenso wie der Klimaschutz und die Erderwärmung thematisiert. Auch und besonders für Kinder bietet dieses Haus einen verständlichen Blick auf die Umwelt.
www.klimahaus-bremerhaven.de

SCHIFFFAHRTSMUSEUM

Vor dem Deutschen Schifffahrtsmuseum liegen Segelschiffe, Walfänger, Schlepper, ein Feuerschiff und ein U-Boot. Zusammen mit der Schau in den Hallen erzählt das Museum die interessante Geschichte der Seefahrt und die Entwicklung im Schiffsbau. Stolz der Ausstellung ist eine alte Kogge aus dem Jahr 1380. Sie wurde aus einem Bremer Hafenbecken geborgen, restauriert und konserviert.
www.dsm.museum

FISCHEREIHAFEN

Im Fischereihafen legen nur noch selten die Kutter und Fangschiffe an, um frischen Fisch zu löschen. Auch hier hat der Tourismus Einzug gehalten. Das Schaufenster Fi-

Das Viertel Havenwelten: der Museumshafen (vorne), die gläserne Brücke hinüber zum Klimahaus und dem Atlantic Hotel (links)

schereihafen ist kulinarische Meile und Anschauungsort eines einst florierenden Handelsplatzes. An den Kaianlagen im Binnenhafen liegen Museumsschiffe, aber auch moderne Versorger für die Windparks auf der Nordsee.
www.schaufenster-fischereihafen.de

HAFENRUNDFAHRT

Zum Containerhafen gelangt man nur mit dem Ausflugsbus, der bis zu den großen Schiffen fährt. Neben dem Auswandererhaus starten die kleinen Rundfahrtboote zu den Hafenrundfahrten – vorbei an den großen Autoschiffen und Werften.
www.hafenrundfahrt-bremerhaven.de

Automobile Exoten im Zollhafen

Foto: NatiSythen/wikipedia

ZOO AM MEER

Für Kinder ist der Zoo am Meer die richtige Adresse. Hier leben Eisbären mit ihrem Nachwuchs, Seelöwen, Pinguine, Affen und Meeresvögel. Ab hier bietet sich ein schöner Spaziergang Richtung Pingelturm (Kaiserschleuse-Ostfeuer), Deich, Kaiserhafen, Kaiserschleuse und Stromkaje an. In der Nähe der Kaiserschleuse gibt es einen Aussichtsturm mit Blick über den Containerhafen. An der Columbuskaje legten früher die Auswandererschiffe in die neue Welt ab, heute starten von hier die Super-Kreuzfahrtschiffe zu ihren Reisen.

www.zoo-am-meer-bremerhaven.de

Neben dem Schifffahrtsmuseum befindet sich ein Sandstrand mit Freibad – in den Sommermonaten ein wunderschöner Ort, um das Treiben auf der Weser zu beobachten.

Der Zoo am Meer hat eine überschaubare Größe.

Foto: Carl-Ernst Stahnke/pixelio

AUSFLÜGE INS UMLAND

SERENGETI-PARK HODENHAGEN

Norddeutschlands größtes Safari- und Freizeit-Erlebnis mit 1.500 Tieren, davon 200 Affen in Freigehegen, Abenteuer-Safari sowie über 40 Fahrgeschäften

Öffnungszeiten: Mitte März bis Ende Oktober
Saison wetterabhängig
Am Safaripark 1 | 29693 Hodenhagen
www.serengeti-park.de

WELTVOGELPARK WALSRODE

Größter Vogelpark der Welt, 4.200 Vögel, 675 Arten, einzigartige Flugshow, lehrreiche Indoorshow, spannende Schaufütterungen, einmalige Gartenlandschaft

Öffnungszeiten: Mitte März bis Ende Oktober
Saison wetterabhängig
Am Vogelpark | 29664 Walsrode
www.weltvogelpark.de

CASARETTOART

Bilder, Skulpturen, Einrahmungen, Stadtposter Bremen und Verden, Wohnaccessoires, Geschenkideen für Reiter, Jäger, Golfer und mehr

Öffnungszeiten: Dienstag bis Freitag,
10.00 bis 18.00 Uhr
Samstag, 10.00 bis 14.00 Uhr
Brückstraße 4–6 | 27283 Verden
www.casaretto-art.de

FREILICHTBÜHNE LILIENTHAL

Theater unter freiem Himmel in idyllischer Umgebung mit einem Familienstück und einem Abendstück, Saisonauftakt am 1. Mai mit Frühschoppen und Livemusik

Aufführungen Mai bis September
Höge 2 | 28865 Lilienthal
www.freilichtbuehne-lilienthal.de

NORDWOLLE DELMENHORST

Vielfältige Einblicke zu Arbeit und Leben in einer früheren »Stadt in der Stadt« – eine Entdeckungsreise durch die Industriegeschichte und -kultur

Öffnungszeiten: Dienstag bis Freitag und Sonntag, 10.00 bis 17.00 Uhr
Am Turbinenhaus 10–12 | 27749 Delmenhorst |
www.fabrikmuseum.de

OTTO-MODERSOHN-MUSEUM

Das Museum zeigt zeitlich wechselnd Bilder, Zeichnungen und Dokumente des Mitbegründers der Worpsweder Malerkolonie (geb. 1865), der von 1908–1943 in Fischerhude lebte.

Täglich von 10.00 bis 18.00 Uhr geöffnet
In der Bredenau 95 | 28870 Fischerhude
www.modersohn-museum.de

FRS HELGOLINE

Auf nach Helgoland – Deutschlands einzige Hochseeinsel. Ab Cuxhaven schnell und bequem mit dem Katamaran »Halunder Jet« (kein Ausbooten)

Bei der Alten Liebe | 27472 Cuxhaven
www.helgoline.de

WORPSWEDE UND DAS TEUFELSMOOR

Ob Kunst oder Geschichte, Architektur, Literatur oder Natur – entdecken Sie die Vielfalt Worpswedes, zum Beispiel durch einen Besuch im Teufelsmoor.

www.worpswede.de

WIND IS OUR FRIEND

Willkommen an Bord der Segelschiffe »Mercedes« und »Eldorado«. Mehrstündige Segeltörns für Jung und Alt zum Segelsetzen oder Seeluft-Genießen

Termine auf Anfrage ab Bremerhaven
Neuer Hafen
Harkemastate 23 | NL-8925 HD Leeuwarden
www.windisourfriend.com

Zwischen Oldenburg und Bremen finden Sie den kleinen Ort **HUDE**. Sehenswert ist die Ruine des 1232 errichteten Zisterzienserklosters. Im nahe gelegenen »Urwald« Hasbruch treffen Sie auf über tausend Jahre alte Eichen.

www.klosterhude.de

ELSFLETH an der Weser, nordöstlich von Oldenburg, ist der Heimathafen des Dreimast-Top-Gaffelschoners »Großherzogin Elisabeth«. Es ist ein Ausbildungsschiff und lädt auch Segelinteressierte zu kleinen Törns ein.

www.grossherzogin-elisabeth.de

BRAKE liegt etwa 30 Kilometer nordöstlich an der Weser und beherbergt ein Schifffahrtsmuseum. Am Ufer der Weser haben Sie eine tolle Gelegenheit, den Fluss zu genießen. Entlang der Weser kommen Sie nach ein paar Kilometern zu den Weserfähren, die Sie auf die andere Flussseite bringen.

CLOPPENBURG

Bekannt ist der Ort durch sein Museumsdorf. 50 Gebäude bilden ein originalgetreues Ensemble eines Bauerndorfes aus dem 16. Jahrhundert. Das Anwesen mit Bauernhäusern, Scheunen, Mühlen, einer Dorfschule, der Dorfkirche und dem Herrenhaus ist der Publikumsmagnet und für Kinder ein lehrreicher Einblick in vergangene Lebenswelten.

Foto: Hans Snoek - www.hs-buch.de/pixelio

WILDESHAUSEN

Im Oldenburger Land ist Wildeshausen die älteste Stadt. Als einzige besitzt sie noch sichtbare Teile des ehemaligen Stadtwalls. Das mittelalterliche Rathaus und die alte Stiftskirche St. Alexander sollten Sie sich ansehen. Sehr empfehlenswert ist auch das Pestruper Gräberfeld. Es ist in ganz Nord- und Mitteleuropa das größte und zusammenhängende Hügelgrabfeld.

DELMENHORST

Vor den Toren Bremens liegt die ehemalige Industriestadt Delmenhorst. Zeugnis davon gibt die Nordwolle – das Museum für Industriekultur. Das einstige Fabrikgelände ist heute Wohnanlage, Treffpunkt, Kulturzentrum und eben Museum. Auch die Kunstsammlungen sind sehr sehenswert, genau so wie das Jugendstilrathaus und der Wasserturm.

ZU BESUCH IN HAMBURG

Oder aber Sie fahren zu einer Stippvisite nach Hamburg, das in gut einer Stunde Fahrt über die A 1 zu erreichen ist. Die Metropole an der Elbe spricht für sich. Keine Stadt hat sich in den letzten Jahren derart gewandelt wie die Hansestadt Hamburg. Der Hafen mit der HafenCity ist ein Beispiel für Umbruch, Wandlung und Zukunft. Sie sollten eine Hafenrundfahrt unternehmen, sich die tolle Innenstadt anschauen oder an der Alster spazieren gehen.

Foto: Astrid Götze-Happe/pixelio

amburg

HOTELS & UNTERKÜNFTE

In Bremen finden Sie für jedes Budget und für alle Ansprüche eine passende Unterkunft. Einen guten Überblick können Sie sich auf der Internetseite von Bremen Tourismus verschaffen, geordnet nach den Kategorien: Bremen Hotels, kleine Privathotels, Pensionen, Apartments und Ferienwohnungen, Campingplätze und Wohnmobilstellplätze sowie Hotels nach Themen. Sie erhalten jeweils eine Beschreibung, werden informiert über Ausstattung und Lage und ebenso über Anfahrtvarianten. Für viele der Übernachtungsmöglichkeiten gibt ein Bewertungssystem Entscheidungshilfe. Buchungen/Anfragen sind direkt über die Seite möglich.
www.bremen-tourismus.de/hotels

Mit Bed & Breakfast bietet Ihnen ein weiteres Portal eher private Übernachtungsalternativen. Sie können Ihre Suche verfeinern nach den Kriterien: Lage, Zimmerart und Ausstattung. Der Name ist auch Programm: Bei einer Zimmerbuchung bereitet Ihr Gastgeber für Sie, wenn Sie es möchten, am Morgen ein schönes Frühstück zu.
www.bed-and-breakfast.de/bremen

JUGENDHERBERGEN UND HOSTELS

Jugendherberge Bremen | Kalkstraße 6 | 28195 Bremen | Tel. 0421-163820
www.jugendherberge.de/jh/bremen

Townside Hostel Bremen | Am Dobben 62 | 28203 Bremen | Tel. 0421-704091 | www.townside

GastHaus Bremer Backpacker Hostel | Emil-Waldmann-Straße 5–6 | 28195 Bremen
Tel. 0421-2238057 | www.bremer-backpacker-hostel.de

Southend Hostel Bremen | Jakobistraße 23 a | 28195 Bremen | Tel. 0421-69620561
www.southendhostel-bremen.de

Gästehaus – Das Kremer | Dobbenweg 12 | 28203 Bremen | Tel. 0172-1660462 |
www.bremer-gästehaus.de

HOTEL-SCHIFFE

Hotelschiff »NEDEVA« Bremen | Schlachte-Anleger 3B | 28195 Bremen | Tel. 0151-15773913
www.ppcharter.com

»Schulschiff Deutschland« | Zum Alten Speicher 15 | 28759 Bremen | Tel. 0421-6587373
www.schulschiff-deutschland.de

Hotelschiff »Perle Bremen« | Schlachte-Anleger 103A | 28195 Bremen | Tel. 0421-33659850
www.hotelschiff-perle-bremen.de

»Alexander von Humboldt« – Das Schiff

Konsul-Smidt-Straße 10 | 28217 Bremen

Tel. 0421-38039699 | www.alex-das-schiff.de

BREAK DANCER
STOP

FESTE & EVENTS

JANUAR

6. Januar: Die Eiswette geht auf das Jahr 1829 zurück. Seinerzeit wettete ein Gruppe Bremer Kaufleute, ob die Weser zu einem bestimmten Termin zugefroren ist oder nicht. Heute ist die Wette ein großes Event am Osterdeich, wobei ein 99 Pfund schwerer Schneider mit heißem Bügeleisen die Weser überqueren muss, ohne einzusinken. Einst standen die Chancen fifty-fifty, heute ist es eher ungewöhnlich, dass die Weser zugefroren ist. Somit stehen Sieger und Gewinner meist vorher fest. Gewinner ist die Deutsche Gesellschaft zur Rettung Schiffbrüchiger (DGzRS), für die traditionell gesammelt wird. Denn nach der Wette treffen sich rund 700 geladene Gäste zum Grünkohlessen und lassen den Hut herumgehen. Dabei kommen immer zwischen 400.000 und 450.000 Euro zusammen.

Bremer Sixdays: Das Radsportspektakel findet jährlich in der ÖVB-Arena statt und ist Deutschlands größtes Sechstagerennen, bei dem Radprofis in über 20 Disziplinen um die Wette fahren. Drumherum findet ein großes Rahmenprogramm in mehreren Hallen statt. An diesem Sportereignis mit Volksfestcharakter bieten Livemusik, Partys und Gastronomie beste Unterhaltung.

www.bremen-tourismus.de/sixdays oder www.sixdaysbremen.de

Ende Januar treffen sich zur Musikschau der Nationen Musikgruppen und Solisten aus allen Teilen der Welt zum größten Blasmusikfest Europas in der ÖVB-Arena. Über 800 Musiker treten an, um die Menschen mit ihrer Musik zu begeistern.

www.volksbund-bremen.de/musikschau

FEBRUAR

Zum Bremer Karneval, eine Woche vor Rosenmontag, treffen sich die norddeutschen Karnevalisten zum traditionellen Samba-Umzug in der Innenstadt und am Ostertor.

www.bremer-karneval.de

MÄRZ/APRIL

Um Ostern werden Fahrgeschäfte, Buden, Zelte und Stände an der Bürgerwiese zur traditionellen Osterwiese aufgebaut. www.osterwiese.com

Jazzahead ist eine der wichtigsten Jazzfachmessen der Welt. FAchfirmen präsentieren sich auf zahlreichen Ständen. Besonders bliebt sind aber die vielen Konzerte. www.jazzahead.de

MAI

Das Internationale Literaturfestival Poetry on the road präsentiert seit über zehn Jahren zeitgenössische Lyrik und gilt als eine der wichtigsten deutschen Literaturveranstaltungen. www.bremen-tourismus.de

Die Lange Nacht der Museen findet meist am letzten Maisamstag statt. Bis ein Uhr in der Nacht haben alle Museen der Stadt geöffnet. Ein abwechselungsreiches Programm aus Sonderschauen, Führungen, Musik, Theater, Lesungen und kulinarischen Leckerbissen www.bremen-tourismus.de

JUNI

Am ersten Juniwochenende findet das Vegesacker Hafenfest statt. Ein großes Volksfest mit umfangreichem Bühnen- und Rahmenprogramm www.hafen-vegesack.de

La Strada ist ein Fest mit Straßenzirkus-Ensembles aus aller Welt in der City. www.strassenzirkus.de

JULI

Mitte/Ende Juli zeigt die Breminale auf den Osterdeichwiesen eine Mischung aus Gauklerei, Jonglage, Livemusik und guter Laune. www.breminale.de

Sommer in Lesmona (im Juli/August) ist ein Fest der Deutschen Kammerphilharmonie in Knoops Park mit Picknickkorb-Wettbewerb und Familientag. www.kammerphilharmonie.com

Shakespeare im Park (fünf Tage im Juli) ist eine Veranstaltung der »bremer shakespeare company« im Bürgerpark.

Der Schlachte Drachenbootcup findet alljährlich im September statt.

AUGUST/SEPTEMBER

Am ersten Augustwochenende wird in Vegesack gefeiert. Das Festival Maritim präsentiert die internationale Seamusic-Szene von Shanty bis Folkrock.
www.maritimemeile-bremen.de

Musikfest Bremen: Drei Wochen im August und/oder September spielen nationale und internationale Musiker in Bremen. Highlight ist die illuminierte Eröffnungsnacht am Marktplatz.
www.musikfest-bremen.de

OKTOBER

Bremer Freimarkt. »Ischa Freimaak« – übersetzt: »Es ist ja Freimarkt« – heißt es ab Mitte Oktober vor den Messehallen hinter dem Bahnhof. Bereits seit 1035 findet das zweiwöchige Fest mit Buden, Fahrgeschäften, Großzelten und Leckereien in Bremen statt und ist eines der größten seiner Art im Norden. Zu den Höhepunkten zählt der traditionelle Umzug am zweiten Samstag um 12 Uhr. Ein kleiner und feiner Ableger des Freimarkts befindet sich am Roland. www.freimarkt.de

DEZEMBER

Am Donnerstag vor dem 1. Advent startet der **Weihnachtsmarkt** auf dem Marktplatz und an der Schlachte. Dort findet auch der sehr zu empfehlende **Schlachtezauber** mit Mittelaltermarkt statt.
www.schlachte-zauber.de

Der Bremer Weihnachtsmarkt zählt zu den schönsten Weihnachtsmärkten Deutschlands.
www.bremer-weihnachtsmarkt.de

Sail Bremerhaven. Im Fünf-Jahres-Takt findet in Bremerhaven eines der größte Windjammerfestivals Europas statt. Die letzte Veranstaltung war 2015. Es ist geplant, zukünftig öfter große Windjammer nach Bremerhaven zu holen.
www.sail-bremerhaven.de

Foto: Jetti Kuhlemann/pixelio

Die Schlachte in »zauberhaftes« Licht getaucht

ALLES, WAS SIE WISSEN SOLLTEN

ANREISE

Mit dem Flugzeug: Nonstop aus zahlreichen nationalen und internationalen Abflugorten. Vom Flughafen gelangen Sie mit der Straßenbahn in wenigen Minuten in die City.

Mit der Bahn: Mit ICE und IC/EC ins Zentrum, wo Sie einer der modernsten Bahnhöfe Deutschlands erwartet.

Mit dem Auto/Bus: Das Bremer Kreuz ist wichtiger Verkehrsknotenpunkt der Autobahnen A27/A7 Cuxhaven-Bremerhaven-Hannover und der A1 Hamburg-Osnabrück-Rheinland.

PARKEN

Bereits weit vor der Einfahrt ins Zentrum der Stadt werden Sie über das touristische Leitsystem sowie über das Parkleitsystem zu Sehenswürdigkeiten, Hotels und freien Parkhäusern geleitet. Oder Sie nutzen den Park & Ride-Service mit den Straßenbahnen und Bussen der BSAG, mit dem Parkticket der Brepark (Bremer Parkhäuser) sogar kostenlos. In Bremens Innenstadt treffen Sie überall an markanten Punkten auf Info-Tafeln.

UMWELTZONE

Seit Juli 2011 ist nur noch die grüne Plakette zugelassen. Als Gast eines Be-

TIPP

Mit der Erlebniscard nutzen Sie die öffentlichen Verkehrsmittel in Bremen und Bremen-Nord kostenlos und erhalten Ermäßigungen in vielen Museen, bei Führungen und Sehenswürdigkeiten. Erhältlich im Internet, telefonisch bei der Bremer Touristik-Zentrale oder in den Tourist-Infos.

Bremen Touristik-Zentrale (BTZ)
Findorffstraße 105 | 28215 Bremen
Hotline: 0421-3080010
Montag bis Freitag, 8.30 bis 18.00 Uhr
Samstag, 9.30 bis 13.00 Uhr
www.bremen-tourismus.de
Kein Publikumsverkehr

herbergungsbetriebs in der Umweltzone benötigen Sie keine Plakette, sofern Sie Ihren Hotelgutschein oder die Buchungsbestätigung vorweisen können.

UMLAND

Auch Bremens Umgebung ist eine Reise wert. Das idyllisch im Teufelsmoor gelegene Künstlerdorf Worpswede begeistert seine Besucher mit zahlreichen Ausstellungen und Galerien. Bremerhaven beeindruckt mit den Havenwelten: Klimahaus, Deutsches Auswandererhaus, Deutsches Schifffahrtsmuseum und Zoo am Meer.

Im Nordseeheilbad Cuxhaven gibt es feinsten Badestrand und von hier aus starten Wattwanderungen zur Insel Neuwerk und Schiffsausflüge zur Hochseeinsel Helgoland (Tax-free-Paradies). Wenn Sie Ihre Reise nach Bremen planen möchten, können Sie im Internet Ihre Ziele aussuchen und sich Ihr persönliches Programm zusammenstellen.

INFORMATIONEN

Unter www.bremen.de erhalten Sie Informationen zu Hotels, Restaurants, Verkehrsmitteln, Parkplätzen oder zum angebotenen Unterhaltungsprogramm. Hier finden Sie alles – egal ob Tourist, Tagesgast oder Business-Besucher. Auch für Bürger der Stadt gibt es hier einiges Neues zu erfahren.

Alles Wissenswerte zu aktuellen Themen rund um den Tourismus finden Sie unter der Adresse www.bremen-tourismus.de. Mithilfe der Rubrik »Reise planen und buchen« können Sie bequem von zu Hause Ihre Stippvisite nach Bremen planen. Die Hotels wie auch die Sehenswürdigkeiten stehen Ihnen virtuell

Foto: Daniel Schwen/wikipedia

zur Verfügung. Zimmer können Sie so reservieren, Tickets für Ausstellungen oder Sehenswürdigkeiten bestellen.

Unter der Adresse www.bremerhaven.de erhalten Sie alle touristischen Informationen über die Nachbarstadt Bremerhaven mit vielfältigem Besichtigungsprogramm.

www.messe-bremen.de zeigt Ihnen alle Kongresse, Messen, Musik- und Sportveranstaltungen in der Stadt, die in der Arena hinter dem Hauptbahnhof stattfinden.

DIE TOURISMUS-BÜROS FINDEN SIE DIREKT IN BREMEN:

Hauptbahnhof:
Montag bis Freitag, 9.00 bis 18.30 Uhr
Samstag/Sonntag, 9.30 bis 17.00 Uhr
Innenstadt: Langenstraße 2–4
Montag bis Samstag, 9.30 bis 18.30 Uhr
Samstag, 9.30 bis 17.00 Uhr
Sonntag, 10.00 bis 16.00 Uhr

DEN NORDEN NEU ENTDECKEN
ISBN 978-3-7822-1214-4
ROLF GRUEL
REISEFÜHRER
FISCHLAND – DARSS – ZINGST
… UND DAS RECKNITZTAL
ISBN 978-3-7822-1243-4
THOMAS FRÖHLING
REISEFÜHRER
OLDENBURG
HISTORISCH · GEMÜTLICH · KULINARISCH
Koehler
ISBN 978-3-7822-1263-2
SILKE ARENDS
REISEFÜHRER
OSTFRIESISCHE INSELN
BORKUM • JUIST • NORDERNEY • BALTRUM • LANGEOOG • SPIEKEROOG • WANGEROOGE
Jetzt in 2. Auflage
Koehler
ALLE REISEFÜHRER SIND AUCH
ONLINE ERHÄLTLICH UNTER:
KOEHLER-MITTLER-SHOP.DE/REISE
Koehler